스페인,
마음에
닿 다

■ 일러두기

이 책의 스페인 관련 지명과 인명 등은 외래어 표기법에 따르지 않고 실제 여행자에게 도움이 될 수 있도록 최대한 현지 발음을 살려 표기하였습니다.

스페인, 마음에 닿다

박영진 지음

TRAVEL STORY OF THE MAN

살며 여행하며, 그 남자가 보고 느낀 생생한 스페인 이야기

CONTENTS

PROLOGUE 열정의 보물섬, 스페인에 오르다 • 16

PART 1. 까스띠야의 찬란한 영광, 마드리드

CHAPTER 1. 스페인의 경제와 문화의 중심, 마드리드 • 24
CHAPTER 2. 세고비아로 떠나는 스페인 역사 기행 • 32
CHAPTER 3. 엘 그레꼬가 사랑한 도시, 똘레도 • 38

PART 2. 건축과 문화유산의 향연, 안달루시아

CHAPTER 4. 예술과 낭만의 도시 세비야 • 52
CHAPTER 5. 말라가에서 만난 피카소 • 70
CHAPTER 6. 무어인들이 세상에 남긴 최고의 걸작, 알암브라 • 82
CHAPTER 7. 말라가에서 떠나는 론다와 꼬르도바 당일 여행 • 94
CHAPTER 8. 대서양의 빛나는 까나리아 그리고 일곱 개의 섬 • 103

PART 3. 오렌지 향이 가득한 풍요의 땅, 발렌시아

CHAPTER 9. 발렌시아에서 열리는 라스 파야스 • 120
CHAPTER 10. 떼루엘에서 전해 내려오는 슬픈 사랑 이야기 • 129
CHAPTER 11. 지중해의 보석 마요르까 • 140

PART 4. 문화와 예술에 취하다, 까딸루냐

CHAPTER 12. 가우디의 영혼과 만나는 바르셀로나 여행 • 156
CHAPTER 13. 까딸루냐의 가톨릭 성지 몬세라트 • 163
CHAPTER 14. 지중해에서 대서양까지 • 173

PART 5. 친절한 사람들의 도시, 빠이스 바스꼬

CHAPTER 15. 산 세바스띠안으로 떠나는 미식 여행 • 196
CHAPTER 16. 쑤마이아의 재발견 • 205
CHAPTER 17. 게르니까, 참상을 극복한 사람들 • 212
CHAPTER 18. 스페인에서 가장 아름다운 전망대, 산 후안 데 가스뗄루가체 • 216
CHAPTER 19. 건축가의 도시 빌바오에 가다 • 220
CHAPTER 20. 스페인 최고급 호텔 '마르께스 데 리스깔' • 227

PART 6. 천혜의 자연환경, 깐따브리아와 아스뚜리아스

CHAPTER 21. 중세에 흔적을 고스란히 보존한 산띠야나 델 마르 • 236
CHAPTER 22. 청년 가우디를 만나는 곳, 꼬미야스 • 240
CHAPTER 23. 아스뚜리아스의 매력에 푹 빠지다 • 244
CHAPTER 24. 레온 빠라도르에 가다 • 253

PART 7. 특별하지 않아서 더 특별한, 갈리시아

CHAPTER 25. 사리아에서 떠나는 5일간의 순례길 • 264

CHAPTER 26. 오렌세에서 즐기는 온천 여행 • 276

CHAPTER 27. 갈리시아의 숨은 보석, 리아스 바이샤스 • 282

CHAPTER 28. 유럽 끝자락의 낭만 도시 뽀르또 • 287

EPILOGUE 모든 것이 그리운 스페인, 그 소중함을 추억한다 • 296

PROLOGUE

열정의 보물섬, 스페인에 오르다

"지금부터 연주를 한 곡 하려고 합니다. 우리가 약간의 돈이 필요한 건 사실이지만 여러분은 그냥 음악을 감상하시면 돼요."

지하철에 오른 남녀 커플이 승객들에게 유쾌한 인사를 건넨다.

"이 곡은 제가 작곡한 거예요. 너무 놀라실 필요는 없습니다. 대단한 곡이 아니거든요."

승객들이 웃는다. 아름다운 바이올린 연주 소리가 열차의 객실을 부드럽게 감싸 안았다. 그리고 얼마 후 바이올린 선율이 내 귀에서 조금씩 멀어지면서 커플이 다음 칸으로 이동하자 열차가 목적지인 그란 비아에 멈춰 섰다.

작은 서점 옆 오래된 레코드 가게 앞에 나이가 지긋한 할아버지 한 분이 먼지 쌓인 떨이용 엘피판을 만지작거리고 있다. 한동안 새 단장을 하느라 철골과 천에 뒤덮였던 5층짜리 건물은 오늘 드디어 시커먼 옷을 벗어 버렸고, 1층 카페의 종업원들은 손님을 맞이하느라 분주하다. 광장 안 따스한 햇볕 아래서 커피를 마시는 사람들의 표정에 여유와 생기가 흐른다.

마드리드는 여느 유럽의 도시만큼 충분히 아름답고 시내는 북적거리는 사람들로 활기가 넘친다. 언제든 고야와 벨라스께스의 작품을 감상할 수 있고 거리의 예술가가 넘쳐 난다.

당신이 만약 마드리드든 바르셀로나든 아니면 프랑스 남부의 국경 근처 어딘가든 스페인 여행의 발걸음을 내딛는 곳에 있다면, 이제 보물섬 입구에 서 있는 탐험가나 다름없다. 어떤 상자를 열건 거기에는 보물이 가득할 것이다. 상자에서 그란 레쎄르바 등급의 리오하 와인이 나왔다면 그곳은 아마도 스페인 북부 바스꼬 지방 어딘가일 것이고, 말로 표현할 수 없을 만큼 경이로운 성당이 보인다면 그곳은 분명 바르셀로나일 것이다.

   스페인의 기타 연주가 세고비아는 열 살 때 처음으로 알암브라 궁전에 갔다가 마치 천국에 있는 것 같은 감정을 느꼈다고 한다. 1976년 어느 날 그의 나이 84세 때 다시 찾은 알암브라 궁전에서 그는 자신의 예술적 감성을 일깨워 준 곳이 바로 이곳 알암브라였다고 회고했다.
   브라질 출신의 소설가 빠울로 꼬엘료는 그의 나이 마흔쯤에 인생에서 가장 어려운 시기를 겪고 있었고, 스페인 북부를 횡단하는 산띠아고 순례길을 걸으며 그 길 어딘가에서 자신이 계속 글을 써야 한다는 사실을 깨달았다. 그리고 2년 뒤 그의 출세작 『연금술사』가 세상에 나왔다.
   여행이 항상 좋은 것만은 아니다. 폐결핵을 앓고 있던 쇼팽이 요양을 위해 그의 연인 상드와 함께 마요르까를 찾았다. 그러나 예상보다 훨씬 추운 마요르까의 날씨 때문에 그들은 다시 파리로 돌아가려 했다. 하지만 프랑스에서 주문한 피아노가 도착하지 않아 발이 묶였다. 설상가상으로 한참 만에 도착한 피아노가 마요르까 세관에 묶여 엄청난 액수의 세금을 내야 했다. 상드가 쇼팽을 수도원에 혼자 두고 외출한 날 갑자기 비가 쏟아졌다. 쇼팽은 차가운 비를 맞고 있을 상드를 걱정하는 마음으로 곡을 만들었는데, 그 곡이 「빗방울 전주곡」이다.
   여행하다 보면 뜻하지 않은 어려움을 겪기도 하고 기대 이상의 환희와 행복을 누리기도 한다. 그렇게 여행은 추억이 된다. 누구에게는 어떤 계기가 되고 그 계기는 삶의 많은 것을 바꾸어 놓는다.
   미식가의 도시 산 세바스띠안에서 타파스 투어를 즐기고, 황홀한 빌바오의 구겐하임 미술관에서는 내일의 꿈을 꾼다. 뻬레네 산맥의 어느 작은 마을에서 수백 년 간 이어 오는 축제의 현장으로 들어갔다가 세상 어디에도 없는 그들만의 언어를 배워 보기도 한다. 시드라 한 잔으로 마른 목을 축이고, 깐따브리아 산맥을 넘어 라만차 지방을 돈 끼호떼와 함께 걷는다. 어느덧 안달루시아 지방에 이르면 말라가의 어느 길목에서 어린 시절의 피카소를 만나고 끝없이 펼쳐지는 해안선을 따라 도착한 바르셀로나에서 가우디의 숨결을 느껴 본다. 빰쁠로나의 헤밍웨이, 마요르까의 쇼팽과 같이 이방인의 눈으로 때 묻지 않은 에스빠냐를 여행하며 그들의 눈으로 그들의 열정을 내 가슴에 담는다.

Part I

까스띠야의 찬란한 영광,
마드리드

마드리드

MADRID

마드리드Madrid는 스페인의 수도이다. 1561년 펠리뻬 2세Felipe II에 의해 똘레도Toledo에서 마드리드로 수도가 옮겨진 이후 지금까지 스페인의 정치, 경제, 문화의 중심지로 발전해 왔다. 현재는 축구팀 레알 마드리드Real Madrid와 아뜰레띠꼬 마드리드Atlético de Madrid의 연고지로도 유명하다.

지리적으로도 스페인의 중앙에 있는 마드리드는 위로는 까스띠야 이 레온Castilla y León 지방, 아래로는 까스띠야 라 만차Castilla la Mancha 지방과 접한다. 마드리드 지방Comunidad de Madrid 안에 마드리드 시가 있다. 마드리드 지방의 인구는 640만 명 정도이며, 마드리드 시의 인구는 310만이다.

마드리드 근교에는 볼만한 관광지가 많다. 그중에서 가장 인기 있는 관광지는 똘레도와 세고비아Segovia이다. 이 외에도 산 로렌쏘 데 엘 에스꼬리알San Lorenzo de El Escorial에 세워진 에스꼬리알 궁전도 놓치기 아까운 관광지이며, 중세의 성곽이 가장 잘 보존된 아빌라Avila, 살라망까 대학과 마요르 광장의 야경으로 유명한 살라망까Salamanca도 인기가 높다. 절벽 위에 세워진 성곽도시 꾸엥까Cuenca에서는 '허공에 매달린 집Casas Colgadas'이 유명하다. 알깔라 데 에나레스Alcalá de Henares는 『돈 끼호떼』의 저자 세르반떼스Miguel de Cervantes가 태어난 곳이다. 특별한 볼거리는 없지만 『돈 끼호떼』의 팬이라면 한 번쯤 가볼 만하다.

마드리드의 근교 도시는 기차나 버스로 쉽게 갈 수 있다. 가격은 버스가 기차보다 훨씬 저렴하다. 관광객이 제일 많이 찾는 똘레도와 세고비아로 가는 버스 편은 한 시간에 한두 대꼴로 운행한다.

마드리드의 기차역은 차마르띤Chamartin 역과 아토차Atocha 역이 있다. 마드리드에서 주로 북부 지역으로 운행하는 차마르띤 역에서는 세고비아와 아빌라, 살라망까로 가는 기차를 탈 수 있고, 안달루시아Andalucia 등 스페인 남부로 운행하는 아토차 역에서는 똘레도와 꾸엥까로 가는 기차를 탈 수 있다.

살라망까2시간 소요와 꾸엥까1시간 50분 소요를 제외하고는 모두 한 시간 내외에 도착할 수 있으며, 차가 있는 경우는 엘 에스꼬리알 궁전과 똘레도, 아빌라와 세고비아를 묶는 당일치기 여행도 가능하다.

 하이라이트

- 프라도 미술관 등 마드리드의 박물관 관람
- 세고비아 수도교와 알까사르 감상
- 중세 도시 똘레도 워킹 투어와 똘레도 대성당 방문

CHAPTER 1. 스페인의 경제와 문화의 중심, 마드리드

이날은 여행자들이 주로 다니는 동선을 살짝 벗어났다. 그냥 그러고 싶었고, 오래 걸을 수 있을 만큼 컨디션이 좋기도 한 날이었다. 큰 도로를 사이에 두고 건너편은 쇼핑 거리로 유명한 살라망까 지구였다. 나는 이쪽 편 조용한 길을 걸었다. 살라망까와는 다르게 한적한 동네였다.

그곳을 걷다가 우연히 아주 작은 미술관 하나를 보았다. 미술관 이름은 소로야 Sorolla. 그리고 코너를 몇 번 더 돌았을 때 작은 바를 발견했다. 이미 저녁은 먹었지만 마실 것과 먹을거리가 살짝 필요한 밤 10시 즈음이었다. '리오하 와인 한 잔에 1유로'라고 쓰인 선간판을 스치며 문을 열고 들어가 자연스럽게 와인 한 잔을 주문했다. 마드리드에 온 지 몇 달 안 되었을 때였지만 스페인에 꽤 오래 산 사람처럼 보이고 싶었다. 이날 빠울라Paula가 안달루시아 지방의 홍합 볶음 요리를 서비스로 주지 않았더라도 난 분명 이곳을 다시 찾았을 것이다. 그냥 느낌이 그랬다.

가또Gato, 고양이라는 뜻라는 별명을 가진 마드리드 사람들이지만 이날은 다들 어디 갔는지 아니면 아직 너무 이른 시간인 건지 바 안에는 몇몇 사람만 보였고, 아무도 보지 않는 TV 소리가 작게 울리고 있었다.

"이 홍합 요리 너무 맛있네요. 다음엔 가족하고 올게요."

안달루시아 출신의 빠울라는 다 먹은 접시를 치우고는 감자 칩이 담긴 작은 접시를 와인 잔 옆에 놔줬다.

"가족과 오시게 되면 옆에 있는 식당으로 오세요. 같은 주인이 운영하는 곳이죠. 원하신다면 지금 구경시켜 드릴게요."

"저야 고맙죠."

나는 활짝 웃으며 답했다. 바 안쪽에는 식당으로 연결되는 통로가 있었다. 식당은 밖에서 보는 것보다 훨씬 컸다.

"이래 봬도 이 동네에선 꽤 인기 있는 식당이에요. 한 달에 한두 번은 라이브 음악이나 플라멩꼬Flamenco 공연을 하죠. 다른 곳에서 굳이 돈 내고 볼 필요가 없어요."

"마드리드에서 안달루시아 음식을 먹으며 보는 플라멩꼬 공연이라…… 생각만 해도 멋지네요. 다음 공연은 언제죠? 꼭 보고 싶어요."

나는 빠울라에게 이메일 주소를 건넸고 그녀는 특별 공연이 있을 때마다 나에게 이메일을 보내겠다고 약속했다. 그녀와 함께 일하는 50대 중반의 엘라디오Heladio는 스페인 북부 지방인 갈리시아Galicia 출신이다. 갈리시아는 안달루시아에서 아주 먼 지역이다. 지금은 두 곳 다 스페인의 17개 지방Comunidad에 속해 있지만 서로 다른 독립 국가로 살았던 세월이 제법 길다. 언어도 다르고 문화도 다른 여러 지방의 사람들이 모여 사는 마드리드는 어쩌면 가장 스페인다운 곳일지도 모른다.

"오늘 여기 오길 정말 잘했네요. 제가 곧 스페인 일주를 떠날 계획인데 갈리시아와 안달루시아 여행에 조언을 좀 해주세요."

빠울라가 다른 손님과 잠시 이야기를 나누는 동안 엘라디오에게 갈리시아에 관한 이야기를 좀 더 자세히 들을 수 있었다. 그는 피스떼라Fisterra, 피니스떼레라고도 함에 꼭 가보라고 했다. 옛 유럽인들이 이곳을 세상의 끝이라고 믿었던 시절이 있었다며…….

"여행은 저 친구가 많이 알아요."

엘라디오가 바 입구 쪽을 보며 누군가에게 손짓했다.

"이봐, 호세Jose! 여기 도움이 필요한 한국인이 한 명 있다네."

바에 들어오자마자 신문을 펴고 타파스Tapas 바 앞에 앉은 호세는 엘라디오의 오랜 친구인 듯했다.

스페인, 마음에 닿다

"스페인 여행에 대해서는 나도 할 말이 많지. 지금은 시간이 별로 없지만 언제라도 이 번호로 전화를 줘요. 내가 자세히 설명해 줄 테니."

이튿날 망설임 끝에 그 번호로 전화했을 때 호세는 단번에 내 이름을 알아들었다. 당장 만나서 점심을 먹자는 그의 목소리를 들으며 용기 내어 전화하길 잘했다고 생각했다.

만남은 당일에 성사됐고 마드리드 시내의 한 레스토랑에서 삼촌뻘인 호세와 만났다. 내가 준비해 간 노트에 에스빠냐 지도를 그리는 것을 시작으로 호세는 이야기보따리를 풀었다. 볼펜으로 지도 위에 관광지를 표시할 때마다 자신이 직접 찍은 사진들을 보여 주기도 했다. 그의 휴대전화에는 수백 장의 여행 사진이 담겨 있었고 아내와 혹은 대학생인 두 아들과 함께 찍은 사진이 많이 보였다.

"스페인에는 가볼 곳이 아주 많아요. 나도 수십 년간 스페인 전역을 돌아다녔지만 아직도 못 가본 여행지가 많죠. 마드리드 근교 똘레도나 세고비아를 갈 때는 주말에 내 차로 함께 갑시다. 너무 고마워하지 않아도 돼요. 스페인에 푹 빠진 젊은

이를 보는 건 나에게도 큰 기쁨이니깐."

호세는 특히 갈리시아와 아스뚜리아스Asturias 지방에는 꼭 가보라고 조언했다.

"스페인의 지방색은 정말 특별하고 매혹적이죠. 가는 곳마다 자기들만의 문화와 풍습을 간직하고 있어요. 보통 스페인 하면 투우Toros를 떠올리는데 난 그 점이 제일 안타까워요. 투우는 스페인 문화 중의 하나일 뿐인데 그게 마치 스페인을 대표하는 문화처럼 인식되는 것 같아요. 스페인 사람이 모두 투우에 열광한다고 생각하지 않았으면 해요."

스페인 여행 중에도 가끔 호세는 문자로 내 안부를 물었다. 그때마다 나는 잘 나온 사진을 보내곤 했다. 내 스페인 여행은 어쩌면 호세를 처음 만났던 그 바에서 시작되었을 것이다.

무작정 길을 걷다가 맛집을 찾고 친구를 만나고 잊지 못할 추억을 쌓게 되는 것, 골목길을 누비다가 뜻하지 않은 발견의 기쁨을 누리는 것은 여행자들에게 주어지는 특권이다.

01. 바의 내부
02. 레스토랑을 소개하는 빠울라
03. 갈리시아 출신의 엘라디오
04. 점심을 먹으며 스페인 관광지를 설명하는 호세

서울에서 춘천 닭갈비와 전주 비빔밥을 쉽게 먹을 수 있는 것처럼 마드리드에서도 스페인 다른 지방의 음식을 쉽게 접할 수 있다. 발렌시아의 빠에야Paella와 갈리시아의 뿔뽀Pulpo, 문어 요리, 안달루시아의 가스파쵸Gaspacho를 먹을 수 있고, 아스뚜리아스의 시드라Sidra, 사과주와 까딸루냐Cataluña의 카바Cava 와인도 어디서든 마실 수 있다.

또한 마드리드는 세계적인 오페라와 소극장 공연, 투우 경기, 플라멩꼬 공연, 아랍 목욕탕 등의 스페인 문화를 가장 잘 즐길 수 있는 곳이기도 하다.

이뿐만이 아니다. 마드리드에는 왕궁과 대성당, 마요르Mayor 광장, 시벨레스Cibeles 광장, 레띠로Retiro 공원, 그란 비아Gran Via 거리, 뿌에르따 델 솔Puerta del Sol 광장, 에스빠냐España 광장, 산 미겔San Miguel 시장, 프라도Prado 국립 미술관, 레이나 소피아Reina Sofía 국립 미술관 등 가볼 곳이 굉장히 많다.

하지만 스페인을 여행하는 한정된 시간 동안 3일 이상 마드리드에 체류하는 경유는 드물다. 3일을 머무른다 해도 똘레도나 세고비아, 아빌라, 엘 에스꼬리알 등 근교 도시도 절대로 포기할 수 없을 만큼 매력적이어서 마드리드 시내 관광은 좀 더 전략적인 계획이 필요하다. 마드리드 다음에 안달루시아로 갈 예정이라면 마드리드에서 플라멩꼬 공연과 투우 경기를 꼭 봐야 할 필요는 없다. 똘레도에서 대성당을 갈 예정이라면 마드리드 대성당은 다음 기회로 넘겨도 무방하다.

그렇다면 마드리드에서만 보고 즐길 수 있는 관광 요소는 무엇일까? 제일 먼저 추천하고 싶은 것은 프라도 국립 미술관 관람이다. 벨라스께스Velázquez의 「시녀들」과 고야의 「까를로스 4세의 가족 초상화」, 엘 그레꼬El Greco의 「삼위일체」 등 죽기 전에 꼭 봐야 하는 스페인의 대표 미술 작품들이 이곳 프라도 국립 미술관에 있다. 마요르 광장도 추천한다. 광장 주변으로 거미줄처럼 연결된 좁은 길들을 따라 골목길 투어를 하다 보면 100년 넘은 츄러스 전문점 산 기네스San Gines를 만나게 된다. 내가 시내에 가면 항상 들르는 마드리드의 보물이다. 또한 마드리드에는 세계에서 제일 오래된 레스토랑도 있다. 1725년에 문을 연 보띤Botín이다. 기네스북에 등재된 증명서를 입구에 전시해 놓았다.

만남의 장소인 뿌에르따 델 솔로 가는 길에는 하몽 박물관Museo del Jamón이란 간판을 건 식당이 보인다. 1, 2층을 가득 메운 손님들이 먹고 있는 음식은 돼지 뒷다리를 소금에 절여 숙성시킨 하몽Jamón, 햄이다. 무작정 들어가 하몽 몇 조각을 먹다 보면 왜 스페인 사람들이 그토록 하몽을 사랑하는지 알게 되지도 모를 일이다. 특히 도토리만 먹고 자란 이베리아종 흑돼지로 만든 하몽 이베리꼬 데 베요따Jamón ibérico de Bellota는 하몽 중에서도 최고의 맛을 뽐낸다. 스페인 친구에게 하몽 이베리꼬의 가격이 너무 비싸다고 불평했을 때 그가 했던 말이 생각난다.

"다른 나라에서는 몇 배나 더 비싸. 여기 있을 때 많이 먹어 둬."

프라도 국립 미술관 입구

츄러스 전문점 산 기네스 입구

세계에서 제일 오래된 레스토랑 보띤

하몽 박물관 내부

뿌에르따 델 솔 광장에 도착하면 먼저 까를로스 3세의 동상이 보이고 그 뒤로 산매자나무^{마드로뇨, Madroño} 의 열매를 따 먹는 곰 동상이 보인다. 곰은 마드리드의 상징이다. 광장 바닥에는 '킬로미터 제로' 지점을 알리는 표지판이 있다. 마드리드와 지방도시들과의 거리는 바로 이곳 뿌에르따 델 솔 광장에서부터 계산된다. 아무것도 없어 보이는 곳에서 사람들이 기념사진을 찍고 있다면 바로 그 밑에 킬로미터 제로 표식이 있을 것이다. 그동안 많은 사람이 발을 올려놓고 기념사진을 찍는 바람에 표지판이 낡아 마드리드 시에서 2009년에 새것으로 교체했다.

킬로미터 제로에서 기념사진 한 장 찍고 이제 여행을 떠나 보자. 정열과 낭만의 에스빠냐로!

01. 뿌에르따 델 솔 광장과 까를로스 3세 동상
02. 뿌에르따 델 솔 광장에 있는 킬로미터 제로 표시

마요르 광장

CHAPTER 2. 세고비아로 떠나는 스페인 역사 기행

마드리드 북서쪽 60킬로미터 지점에 있는 유서 깊은 도시 세고비아. 수많은 관광객이 이곳을 찾는 이유 중의 하나는 세고비아 성으로 불리는 알까사르Alcázar를 직접 보기 위해서이다. 월트 디즈니의 『백설공주』에 등장하는 성의 모티브가 된 곳이 바로 세고비아의 알까사르이다.

"아빠! 저것 좀 봐!"

아빠의 어깨에 올라탄 서너 살쯤 된 어린아이가 손가락으로 알까사르를 가리키며 목소리를 높였다. 아이는 신이 났다. 이 아이뿐만 아니라 우리 어른들의 기억 속 어딘가에도 저 아름다운 성이 있다.

알까사르를 보며 감탄하는 것은 비단 현재의 일만이 아니다. 수백 년 전 이 성을 본 *까스띠야Castilla의 왕들도 우리처럼 경탄을 금치 못했다. 그들은 성의 내부를 단장하고 외관을 개보수하며 자신들의 애정 어린 표식을 남기기도 했다. 1474년 이사벨이 까스띠야의 왕으로 대관식을 치른 곳이며, 에스빠냐 제국의 거대한 영토를 다스렸던 펠리뻬 2세가 신성 로마 제국 막시밀리안 2세의 딸 아나Ana de Austria와

까스띠야 왕국   까스띠야 왕국은 1065년부터 1230년까지 스페인 중부 지방을 중심으로 발전했던 가톨릭 왕국이다. 당시 이베리아 반도에는 까스띠야 왕국과 아라곤 왕국, 레온 왕국, 포르투갈 왕국, 이슬람 왕국 등이 있었다. 1230년 까스띠야와 레온이 연합 왕국이 되어 레꽁끼스따이슬람 왕국을 상대로 한 국토 회복 운동의 주역이 된다. 까스띠야의 왕 후안 1세1358~1390는 포르투갈을 병합하기 위해 1385년에 리스본으로 군대를 보냈는데, 이때 포르투갈의 주앙 1세는 영국군의 도움을 받아 까스띠야군을 알주바로타Aljubarrota에서 물리친다. 이때 만약 포르투갈이 패했다면 현재 레온 지방이나 아라곤 지방처럼 포르투갈도 스페인의 한 자치 지방이 되었을 것이다. 이 때문에 알주바로타 전투는 포르투갈 역사상 가장 중요한 전투로 평가된다.

| 알까사르

1570년에 결혼식을 올린 곳도 바로 이곳 알까사르이다. 이처럼 알까사르는 스페인 중세 시대를 통틀어 까스띠야 왕가에게 가장 사랑받았다.

알까사르는 12세기에 알폰소 8세에 의해 축성되었으나 그 이전에는 이슬람 왕국의 요새였고 또 그 이전에는 로마군의 요새였다. 드넓은 평원을 흐르는 에레스마 Eresma 강과 끌라모레스 Clamores 강이 보이는 언덕에 자리 잡은 알까사르는 스페인의 기나긴 역사를 품고 있다.

1406년에 까스띠야의 권좌를 물려받은 왕은 후안 2세이다. 후안 2세는 1420년에 사촌 관계인 마리아와 결혼해서 엔리께 4세를 낳는다. 1445년에 마리아가 사망하자 1447년에 포르투갈 주앙 왕자의 딸인 이사벨과 재혼하고, 이사벨은 훗날 스페인 역사에서 가장 위대한 왕이 된 이사벨 어머니와 이름이 같다을 낳는다.

후안 2세가 사망한 1454년에 이사벨의 나이는 고작 세 살이었고, 그녀의 동생 알폰소는 생후 8개월도 채 안 되었다. 왕위에 오른 엔리께 4세는 양어머니와 이복 동생들을 지방으로 유배 보낸다. 이들에게 유산을 남기라는 후안 2세의 유언에도 불구하고 빈손으로 내쫓았고, 한순간에 모든 것을 잃은 이사벨의 어머니는 천민과도 같은 궁핍한 생활을 하며 우울증에 시달리게 된다. 쇠약한 어머니와 어린 동생을 돌보며 살아야 했던 이사벨의 유년 시절은 훗날 강인한 군주로서 까스띠야 왕국을 다스리는 데 큰 힘이 되었을 것이다.

자신에게 가장 위협적인 인물이었던 태후의 건강 상태가 극도로 악화되자 엔리께 4세는 이사벨과 알폰소를 자신이 있는 세고비아의 궁으로 불러들인다. 정략결혼을 통해 까스띠야의 세력을 확장하려는 의도였다. 그러나 이 일은 이사벨의 인생에서 가장 큰 전환점이 된다. 엔리께 4세의 딸 후아나가 태어나면서 왕위 계승권을 둘러싸고 귀족 간의 세력 다툼이 발생하게 된 것. 후아나가 엔리께의 친딸이 아니라 왕비가 바람을 피워 태어난 혼외자식이라는 소문이 돌았기 때문이다. 이사벨에게는 기회였다. 왕위 계승의 정통성이 흔들리자 알폰소를 지지하던 세력이 반란을 일으켰다. 그러던 중 알폰소가 젊은 나이에 병으로 사망하자 귀족들은 이사벨을 추대했고, 결국 엔리께 4세는 이사벨의 왕위 계승권을 인정하게 된다.

  1469년 10월 19일, 스페인 역사에 길이 남을 세기의 결혼식이 열리게 되는데 바로 까스띠야의 왕위 계승자인 이사벨 공주와 아라곤Aragón의 왕위 계승자인 페르난도의 결혼식이었다. 그런데 결혼식은 초라했다. 자신의 오빠이자 까스띠야의 왕인 엔리께 4세의 허락 없이 감행한 혼인이었기 때문이다. 엔리께 4세는 이사벨이 포르투갈 왕 아폰소 5세와 결혼하기를 바랐고, 프랑스와 영국 등 다른 유럽 국가의 왕실에서도 이사벨과의 혼인을 원했다. 엔리께 4세는 이사벨을 이용해 포르투갈을 병합할 의도였고, 다른 유럽 국가들 역시 이사벨을 이용해 강대국인 까스띠야와 동맹을 맺고 싶어 했다.

  하지만 이사벨의 생각은 달랐다. 그녀는 자신이 직접 왕위에 올라 이베리아Iberia에 위대한 통일 왕국을 건설할 야망이 있었다. 그런 이사벨에게 아라곤의 페르난도는 자신의 왕위를 지키면서도 함께 힘을 모아 에스빠냐를 통일할 수 있는 가장 적합한 인물이었다. 이사벨은 엔리께 모르게 페르난도에게 편지를 보내 청혼했고 결혼식을 치르기 위해 왕궁을 탈출했다. 엔리께는 이사벨을 잡아 오라며 군대를 보낼 정도로 분노했다. 페르난도는 평민으로 위장해 이사벨이 기다리고 있는 바야돌리드Valladolid 시내로 들어갔고 두 사람은 비베로Vivero 궁에서 결혼식을 올렸다.

  1474년 엔리께 4세가 사망하면서 이사벨은 까스띠야의 왕이 되었고, 1479년에 페르난도가 아라곤의 왕위를 물려받으면서 두 왕국이 힘을 합쳐 이슬람 세력을 완전히 몰아내게 된다.

  세고비아에 도착하면 제일 먼저 정면에 있는 거대한 건축물이 관광객들의 시선

스페인, 마음에 닿다

을 사로잡는다. 세고비아에서 가장 오래된 건축물인 로마 수도교水道橋이다. 로마 황제 트라야누스Traianus, 스페인에서는 뜨라하노Trajano라고 부른다 시대인 1세기 말에서 2세기 무렵에 세워졌으니 그 역사가 무려 2천 년이다.

현존하는 로마 수도교 중에서 보존 상태가 가장 양호하다. 수원水源은 세고비아에서 무려 17킬로미터 떨어진 아세베다Acebeda 강이다. 세고비아를 향해 15킬로미터 이상 운반된 물은 커다란 물탱크에 저장되고 이곳에서 모래와 이물질을 제거하는 정수 과정을 거친다. 그곳에서부터 마을까지는 화강암으로 건설된 수도교 위에 홈을 파서 수로를 만들었다. 이 수로는 총 813미터 거리를 1도 경사로 유지하며 마을에 알맞은 양의 물을 공급한다. 로마인들의 토목 공학 기술이 더욱 놀라운 것은 120개의 기둥과 167개의 아치로 구성된 거대한 수도교를 지탱하는 2만400개의 육중한 화강암들이 시멘트 등의 그 어떠한 접착 재료도 없이 아치의 하중으로 그 형태를 완벽하게 유지하고 있는 점이다. 수도교의 외관 자체도 우아하고 아름답지만 그 뒤에 숨겨진 로마인들의 건축 기술과 지혜를 알고 보면 감동이 더 크다.

| 세고비아 수도교

| 세고비아 구시가지 풍경

| 세고비아의 명물인 새끼돼지 통구이

CHAPTER 3. 엘 그레꼬가 사랑한 도시, 똘레도

정해진 시간 안에 모든 관광지를 다 다녀 보려고 종종걸음을 걷는 것도, 효율적인 동선을 찾으려고 지도를 펼치는 것도 왠지 똘레도에서는 어울리지 않아 보인다. 설령 걸었던 길을 다시 걷게 되더라도 무작정 걸으며 마을의 숨결을 느껴 보는 것이 어쩌면 똘레도를 제대로 즐기는 방법일지도 모르겠다.

어슬렁거리는 여유야말로 일상을 탈피한 여행자만이 누릴 수 있는 특권이다. 나는 작정하고 어슬렁거리다 군것질할 거리를 찾아 작은 빵집에 들렀다. 똘레도의 명물인 마사빤Mazapán을 두어 개 사 들고 나와 좁은 길을 걷다가 중세 시대의 무기들과 각종 공예품을 파는 상점을 지나니 작은 광장에서 민속춤을 추는 사람들의 모습이 눈에 들어왔다. 그들은 뭔가 인생을 제대로 즐길 줄 아는 사람들처럼 보였다.

"이리 와서 함께 춥시다. 내가 가르쳐 줄게요."

나는 얼굴이 벌게지며 손사래를 쳤다. 그렇게 즐길 수 있는 사람들이 마냥 부러웠다.

"저건 터키 민속춤이에요."

사진을 찍는 나에게 한 사람이 다가왔다. 춤추는 사람들의 일행이었다. 스페인 민속춤이 아니고 터키의 민속춤이었다. 스페인으로 단체 여행을 온 터키 사람들의 얼굴에는 행복이 가득했다. 어느새 그들은 나무 그늘에 앉아 왁자지껄 수다를 떨었다.

광장을 지나 도로 위를 터벅터벅 걸으며 작은 상점들이 빼곡한 좁은 골목길로 들어서자 스타카토처럼 내 귀에 울리던 그들의 목소리가 서서히 멀어진다. 시간은 어느덧 오후가 되고 절반 이상의 상점들이 씨에스따siesta, 점심 이후에 자는 낮잠 시간에 맞춰 달콤한 휴식에 들어간다. 평일 오후의 스페인의 옛 수도 똘레도는 고요했다.

중세 시대를 상징하는 돌길에 발을 디디며 걷다 보니 시간이 마법을 부려 아득히 먼 중세 시대로 나를 데려간다. 저 멀리 말발굽 소리와 함께 중세 시대에 살던 똘레도의 상인들이 소꼬도베르 광장 쪽으로 곡식을 실어 나르고, 산또 또메 성당을 향해 걸어가는 여인들은 얼마 전 크레따 섬에서 온 화가 엘 그레꼬를 이야기하며 소곤거린다. 알깐따라 다리 뒤로 보이는 아스라한 지평선. 그 위로 로시난떼를 탄 돈 끼호떼와 산초의 위풍당당한 모습이 보이는 듯하다.

이베리아의 원주민들은 대략 1만~2만5천 년 전에 그려진 것으로 추정되는 알따미라Altamira 동굴 벽화를 남겼고, 스페인 북부 바스꼬Vasco 지방에는 그보다 훨씬 이전부터 사람들이 살기 시작했다. 하지만 스페인의 역사는 기원전 9세기쯤 아프리카 북부에서 이주해 온 이베로족과 삐레네Pirineo 산맥을 통해 내려온 켈트족이 이베리아 반도에 정착하면서 시작되었다.

이베리아 반도에서 세력을 키워 가던 페니키아인을 몰아낸 로마는 B.C.206년에 이베리아를 정복하고 식민지로 만들어 버린다. 로마인들은 이 도시를 '요새'라는 뜻의 똘레툼Toletum이라고 불렀고 후에 똘레도라는 이름이 되었다.

이후 로마 제국이 쇠퇴하자 게르만족의 일파인 서고트족이 이베리아 반도에서 로마 세력을 몰아내고 419년에 서고트 왕국을 세웠고, 560년에 똘레도는 서고트 왕국의 수도가 되었다. 똘레도는 서고트 왕국에서 이슬람 왕국으로, 또다시 까스띠야의 왕 알폰소 6세로 그 주인이 바뀔 때마다 수많은 전쟁을 겪어야 했다.

스페인은 1492년 이사벨 여왕에 의해 에스빠냐 통일 왕국의 기반이 마련되어 이사벨 여왕의 외손자인 까를로스 1세 때는 거대한 영토를 다스리는 '해가 지지 않는 나라'로 부상했다. 그런데 삼면이 강으로 둘러싸인 똘레도의 지리적 요건은 당시 유럽 최강국이었던 스페인의 수도로 발전해 나가기에는 한계가 있었다. 1556년

똘레도 전경

에 재임한 까를로스의 아들 펠리뻬 2세는 1561년에 결국 마드리드로 수도를 옮겼다. 선왕 까를로스 1세로부터 스페인 이외에 나폴리와 시칠리아, 네덜란드, 중남미 대부분 국가 등을 물려받은 펠리뻬 2세는 1580년에 포르투갈까지 병합하면서 브라질, 아프리카 여러 국가와 필리핀 등을 모두 통치하에 두며 전 세계에 식민지를 거느린 거대한 에스빠냐의 제왕이 되었다. 이 시기는 스페인 역사의 황금시대라 불린다.

당시까지만 해도 작은 시골 마을이었던 마드리드는 그 후 급속도로 발전하여 지금과 같은 대도시의 면모를 갖추었지만, 똘레도는 반대로 기나긴 역사를 간직한 채 당시의 모습 그대로 남았다. 그래서 똘레도의 구시가지는 마치 거대한 박물관 같은 느낌마저 든다. 또한 똘레도는 스페인 가톨릭의 중심지이면서도 유대교와 기독교, 이슬람 문화가 조금씩 혼재되어 있어 흥미롭다. 이러한 역사적 흐름으로 탄생한 예술사조는 똘레도 대성당 천장에 있는 무데하르Mudejar 양식이 대표적이다. 또한 유대인의 예배당으로 사용되었던 시나고가 델 뜨란시또Sinagoga del Tránsito, 성모승천 시나고가에서도 무데하르 양식의 장식들을 감상할 수 있다.

1577년 자신의 인생을 걸고 똘레도로 온 한 예술가가 있었다. 1541년 그리스의 크레따 섬에서 태어난 도메니코스 테오토코폴로스Domenikos Theotokopoules였다.

"날 그냥 그레꼬라고 불러. 이탈리아에서도 그렇게 불렀거든."

그는 스페인어를 하나도 못하는 외국인이었지만 이 정도 의사소통은 충분했을 것이다. 그가 만약 그레꼬라는 간단한 이름을 대지 않았더라면 똘레도 주민은 그를 그리에고Griego라고 불렀을지도 모른다. 그레꼬Greco는 그리스 사람이라는 뜻의 이탈리아어이고, 그리에고는 같은 의미의 스페인어이다. 그는 스페인어의 정관사 엘El이 붙어 엘 그레꼬라 불렸는데, 참 재미있는 것이 이 짧은 이름 안에 그와 관련된 그리스, 이탈리아, 스페인 세 나라가 다 들어가 있는 셈이다.

그가 스페인에 온 이유는 분명했다. 그리스에서 태어나 이탈리아에서 활동했던 그는 당시 유럽에서도 가장 강대국이었던 스페인의 궁정화가가 되고 싶었다. 그에게 처음으로 그림을 의뢰한 곳은 똘레도 대성당이었다. 1579년에 완성된 「그리스도의 옷을 벗김」이 그때 엘 그레꼬가 그린 작품이다. 그러나 똘레도 대성당 측은 엘 그레꼬의 그림을 마음에 들어 하지 않았고 그의 매너리즘 회화는 평가절하되었다. 결국 엘 그레꼬는 자신이 원했던 돈의 절반도 받지 못했다. 스페인에 큰 야망을 품고 온 그리스의 화가는 그렇게 첫 고배를 마시게 된다.

이런 그에게 일생일대의 기회가 찾아온 건 얼마 뒤였다. 펠리뻬 2세가 곧 완공될 엘 에스꼬리알 궁전의 장식을 위해 이탈리아의 예술가들을 초청한 것이다. 펠리뻬는 성당의 제단화로 쓰일 그림으로 *산 마우리시오의 순교를 담은 그림을 엘 그레꼬에게 의뢰했다. 펠리뻬 2세에게 잘 보여 궁정화가가 되는 것은 엘 그레꼬의 오랜 염원이자 스페인으로 온 가장 큰 이유였다. 드디어 기다리던 무대의 막이 올랐고 그로부터 2년 뒤인 1582년에 엘 그레꼬는 「산 마우리시오의 순교」를 완성했다.

그러나 이 그림 역시 의뢰인에게 인정받지 못했다. 펠리뻬 2세는 순교 장면이 두드러지는 것을 기대했으나 엘 그레꼬의 그림에서는 처형 전 테베Thebes 군들의 담담한 모습이 훨씬 컸기 때문이다. 실망한 펠리뻬 2세는 이 그림을 창고에 두고 다른 화가를 찾았다. 이때 같은 주제로 그림을 그리게 된 화가는 이탈리아 플로렌시아 출신의 로물로 친치나또Romulo Cincinato였다. 그에게는 더 구체적인 요구 조건이 있었다.

| 산 마우리시오 | 이탈리아어로는 마우리치오Maurizio이다. 3세기경에 로마에서 활동했던 이집트 출신의 군인이자 신실한 기독교인이었다. 전쟁에서의 승리를 기념하는 연회에서 마우리시오와 그의 테베군은 로마의 신에게 올리는 제사를 거부했고 이로 인해 순교당한다. 서기 287년의 일이다. |

전통적인 이탈리아 회화 기법으로 웅장하고 장엄한 그림을 그려 달라는 것. 그리고 1년 뒤인 1583년에 같은 제목의 다른 그림이 성당 제단에 걸렸다.

엘 그레꼬가 스페인 미술계의 거장이라는 평가를 받으면서도 벨라스께스나 고야처럼 마드리드에서 활동하지 못했던 것은 에스빠냐의 황제 펠리뻬 2세가 그를 알아보지 못했기 때문이다. 결국 엘 그레꼬는 궁정화가의 꿈을 포기하고 똘레도로 돌아와 이곳에서 평생을 살았다.

1586년에 완성된 「오르가스 백작의 매장」은 엘 그레꼬의 대표작이다. 당시에 이 그림이 유명세를 타면서 엘 그레꼬에게 초상화와 종교화 주문이 쇄도했다. 만약 당시에 엘 그레꼬가 궁정화가로 임명되었더라면 스페인의 미술 역사가 달라지지 않았을까?

훗날 그의 창조적인 작품들이 재조명되고 벨라스께스가 그의 작품들을 높이 평가하면서 엘 그레꼬의 그림들은 사후에 더 많은 관심을 받았다. 지금의 똘레도는 도시 곳곳에서 그의 그림을 감상할 수 있는 '엘 그레꼬의 도시'가 되어 전 세계의 수많은 관광객을 불러 모으고 있다.

「그리스도의 옷을 벗김El expolio」, 1579년 / 똘레도 대성당

엘 그레꼬가 똘레도에서 처음 그린 그림으로 예수님이 십자가에 달리기 전 병사들이 예수님의 옷을 벗기는 장면이다. 예수님을 조롱하는 사람들 뒤로 하늘로 향하는 구름 기둥이 보인다. 발아래 오른편에는 한 남자가 십자가에 못 박힐 부분에 구멍을 뚫고 있으며 세 명의 마리아가 그 모습을 지켜보고 있다. 손목의 밧줄은 구레네 시몬이 예수님의 십자가를 대신 짊어졌을 때 군인들이 예수님을 끌고 가기 위해 묶은 것으로 보인다. 그림의 수평 구도와 수직 구도가 균형 있게 배치되었는데, 대성당 측은 이 부분을 문제 삼았다. 군중이 예수님보다 높은 위치에 있다는 것이 가장 큰 이유였다.

「산 마우리시오의 순교El Martirio de San Mauricio」, 1582년 / 엘 에스꼬리알

이 그림에는 마우리시오의 모습이 여러 번 등장한다. 차례로 일어난 상황을 한 장의 그림에 모두 담은 것이다. 내가 찾아낸 마우리시오는 총 다섯 군데에 있는데 실제로 엘 그레꼬가 몇 명의 마우리시오를 그렸는지는 모르겠다.

제일 먼저 가운데에서 파란색 군복을 입은 마우리시오가 보인다. 죽음을 앞두고 있지만 태연하게 동료들과 이야기를 나누고 있다. 그리고 왼쪽 하단에 아래를 내려다보는 모습과 바로 앞에는 두 손을 모으고 기도를 올리는 모습이 보인다. 그리고 잘 보이지 않지만 기도를 올리는 모습 뒤로 로마군이 강제로 군복을 벗기는 장면이 묘사되어 있다. 마지막으로 왼쪽 최하단에 쓰러진 시체와 마우리시오의 머리가 있다. 다섯 개의 얼굴에는 의연함과 평안함이 흐르고 두려움이 없어 보인다.

「오르가스 백작의 매장El entierro del conde de Orgaz」, 1586년 / 똘레도 산또 또메 성당

이 그림은 산또 또메 성당의 후원자였던 오르가스 백작을 매장할 때 두 성인산 어거스띤과 스때빤이 나타나 백작의 시신을 직접 매장했다는 전설을 토대로 그려졌다.

그림은 천상의 세계와 지상의 세계로 나뉜다. 백작이 있는 위치에서 그대로 그림 상단으로 올라가면 구름이 두 갈래로 나뉘고 그 위에 예수님의 모습이 보인다. 백작의 영혼이 천국으로 올라가는 것을 의미한다. 양쪽에서 백작의 시신을 옮기고 있는 두 성인 뒤에는 성직자와 귀족들의 초상화로 가득 메워져 있다.

이 그림에서 정면을 응시하는 인물이 딱 두 명 있는데, 엘 그레꼬 본인과 그의 아들 호르헤Jorge이다. 호르헤 주머니에 있는 손수건에는 그의 출생년도인 '1578'이 적혀 있다.

Part 2

건축과 문화유산의 향연,
안달루시아

안달루시아
ANDALUCIA

안달루시아는 스페인의 17개 자치 지방 중에서 까스띠야 이 레온 다음으로 면적이 크다. 주도는 세비야Sevilla이며, 주요 도시로는 꼬르도바Códoba, 그라나다Granada, 말라가Málaga 등이 있다.

711년, 이슬람의 우마이야Umayyad 왕국이 서고트족을 몰아내고 이베리아를 차지했다. 그 후 레콩끼스따Reconquista, 국토 회복 운동로 차츰 세력을 잃다가, 1492년 마지막 보루였던 그라나다가 함락되면서 찬란했던 이슬람 왕국은 역사의 뒤안길로 사라졌다. 그러나 약 800년간 이어 온 이슬람 문화는 스페인에 지대한 영향을 미쳤으며, 그라나다의 알암브라Alhambra 궁전과 꼬르도바의 메스끼따Mezquita, 이슬람교 사원 등 안달루시아 지역에 보존된 그들의 뛰어난 건축 유산과 문화는 여전히 여행자들의 마음을 사로잡고 있다.

안달루시아에는 유적지 외에도 투우, 플라멩꼬, 아랍식 목욕 등 문화 체험을 할 수 있는 관광 요소가 많고, 먹거리도 다양하고 풍부하다. 그 옛날 콜럼버스가 토마토, 감자, 고추 같은 작물을 가져왔을 때 세비야의 레스토랑에서는 바로 파격적인 신메뉴를 출시했다. 아메리카의 식재료와 향신료는 그렇게 안달루시아를 통해 유럽에 소개되었다.

안달루시아를 여행하기 가장 좋은 시기는 4~5월과 10~11월이다. 물론 다른 시기에도 여행이 가능하지만 숨 막히는 더위가 이어지는 7~8월은 피하는 게 좋다.

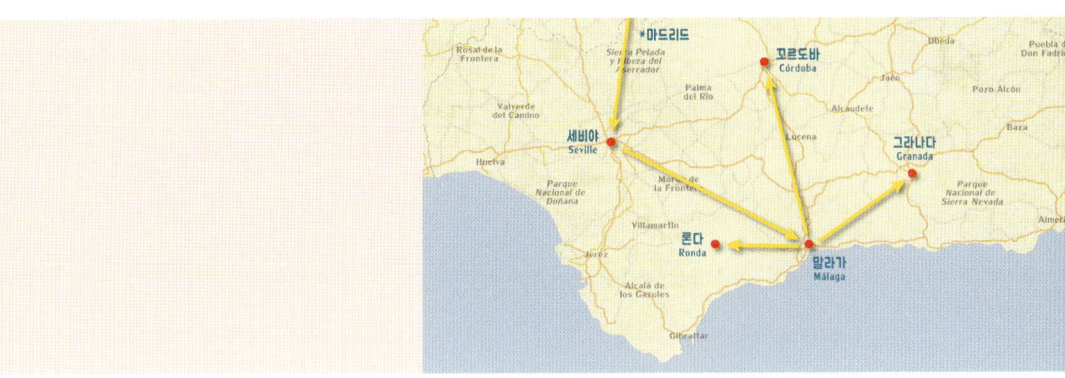

마드리드에서 세비야까지는 차로 5시간, 스페인 고속 열차 아베AVE로는 2시간 30분이 걸린다. 세비야에서 안달루시아의 다른 주요 관광지로 이동할 땐 버스나 기차 모두 쉽게 이용할 수 있다. 아름다운 마을로 손꼽히는 프리힐리아나Frigiliana, 지중해의 예쁜 마을 네르하Nerja와 함께 스페인 남부 해변을 둘러보려면 렌터카를 이용하는 것이 효율적이다.

스페인에서 북아프리카로 넘어가려면 마드리드에서 항공편을 이용해도 되지만 안달루시아에서 버스로 이동하는 방법도 있다. 말라가에서 모로코의 카사블랑카Casablanca까지는 버스로 14시간이 걸린다. 버스 요금은 대략 편도 85유로, 왕복 155유로이며, 유로라인Eurolines과 알싸ALSA에서 매일 운행한다. 말라가에서 출발한 버스는 알헤씨라스Algeciras에서 배에 올라타고 지브롤터 해협을 건너 모로코 땅헤르Tanger에 도착, 라바트Rabat를 지나 카사블랑카에 다다른다.

하이라이트

- 세비야 대성당 방문과 스페인 광장 구경
- 말라가 시내 관광과 야경 감상
- 그라나다 알암브라 궁전 관람
- 꼬르도바 메스끼따 사원 방문

CHAPTER 4. 예술과 낭만의 도시 세비야

스페인의 국영 철도 기업 렌페Renfe에서 운영하는 고속 열차 아베를 타고 세비야로 향했다. 아침 일찍 마드리드 아토차 역에서 출발한 열차는 2시간 30분 만에 세비야에 도착했다. 일반 열차와 고속 열차는 소요 시간에서만 차이가 날 뿐 실내 구조나 좌석 공간은 크게 다르지 않다. 일반 열차를 타더라도 쾌적하고 넓은 공간에서 편하게 갈 수 있다. 굳이 비싼 고속 열차를 탈 필요는 없었지만, 나는 스페인의 고속 열차를 한 번쯤은 타보고 싶었다. 게다가 마드리드-세비야 구간은 1992년 아베가 실용화된 첫 구간이어서 더욱 의미가 있었다.

나는 여행하면서 같은 지방 내에서 이동할 때는 주로 렌터카를 이용했지만, 다른 지방으로 이동할 때는 기차나 버스를 탔다. 이때 나름대로 규칙이 있다. 4~5시간 정도의 장거리 구간에는 기차를 이용하고, 4시간 미만의 비교적 짧은 구간은 버스를 탔다. 버스는 보통 기차 요금의 절반 정도로 저렴하지만 5시간 이상 타기에는 체력에 무리가 있기 때문이다.

세비야 산따 후스따Santa Justa 역에서 내려 제일 먼저 관광 안내소를 찾았다. 역에는 두 개의 관광 안내소가 있는데, 안쪽에 있는 관광 안내소에서는 플라멩꼬 공연을 예약할 수 있다. 안내소 직원은 세비야 시내에서 볼 수 있는 플라멩꼬 공연 브로셔를 여러 개 보여 주며 공연 시간과 가격 등을 친절히 설명해 주었다.

직원의 강력한 추천으로 시내에서 제일 가까운 플라멩꼬 박물관Museo del Baile Flamenco에서 하는 저녁 8시 공연을 예약했다. 공연만 보면 17유로, 박물관 관람을 포함하는 코스는 4유로가 추가된 21유로였다. 공연과 박물관을 따로 예약하는 것보다 3유로가 저렴하다.

"공연 전 극장 안 바에서 와인이나 상그리아 한 잔을 무료로 줍니다. 꼭 늦지 않게 도착하셔야 해요."

그녀는 내가 만난 첫 안달루시아 사람이었다. 역시나 스페인 사람들은 지역에 관계없이 모두 친절하다.

기차역에서 시내까지 걸어가는 길에 세비야 시내를 가로지르는 과달끼비르Guadalquivir 강과 마주한다. 저기 산 뗄모San Telmo 다리 옆에 황금의 탑Torre del Oro이 보인다. 1220년 이슬람의 무어인Moor들이 건설한 이 탑은 적의 침입을 감시하고 강을 항해하는 배를 검문하는 용도로 쓰였다. 지금은 가끔 유람선이 다니는 평온하고 평범한 강이지만 15세기 무렵 이곳은 유럽에서 무역 거래가 가장 활발했던, 그야말로 가장 핫한 교역지였다. 해가 지지 않는 나라 스페인. 그 중심에 세비야가 있었고, 그 영광이 내가 지금 앉아 있는 이곳 과달끼비르 강으로부터 시작되었다.

잠시 짐을 내려놓고 벤치에 앉아 잔물결이 눈부신 강변을 바라보며 아메리카 신대륙에서 온갖 보물과 진귀한 물건을 가득 싣고 들어오는 콜럼버스의 산타마리아 호를 상상해 본다. 내가 앉아 있는 지금 이 자리에는 이미 영웅이 된 콜럼버스의 귀환을 직접 보기 위해 모여든 세비야 주민으로 가득했을 것이다.

기나긴 세계여행을 마치고 돌아온 콜럼버스의 심정은 과연 어땠을까? 대서양을 건너는 몇 개월간의 험난한 여정이 그에게는 몇 년같이 느껴졌을 것이다. 선원들과의 갈등도 한몫했다. 선원 중에는 신분 세탁을 위해 마지못해 승선한 범죄자가 다수 포함되어 있었고 그들은 일정이 예정보다 지연되자 콜럼버스를 위협했다. 그뿐만이 아니다. 무엇보다 콜럼버스를 압박한 것은 자신을 믿고 막대한 자본을 투자한 이사벨 여왕을 만족시켜야 했던 '결과물'이었다. 두 번째 항해를 위해서는 어떻게든 여왕에게 인정받아야 했고, 또 한편으로는 자신을 외면한 유럽의 다른 왕들

정 12각형으로 건설된 과달끼비르 강변의 황금의 탑.

과 귀족들에게 보란 듯이 성공을 과시하고 싶었다. 그 때문에 콜럼버스는 스페인에 도착하기 전에 '신대륙에는 우리가 원했던 금광과 보물이 많다'는 거짓 보고가 담긴 편지를 여왕에게 보내기도 했다.

역사는 언제나 그렇듯 두 얼굴을 가진다. 콜럼버스의 신대륙 발견은 스페인을 황금시대로 이끄는 계기가 된 동시에 아메리카 대륙에는 재앙의 시작이었다. 이사벨 여왕의 기대에 부응하기 위해 콜럼버스는 어떻게든 많은 양의 황금을 찾아야만 했다. 그러나 아메리카에는 그만큼의 금광이 없었고, 그 결과는 원주민 학살로 이어졌다. 콜럼버스는 금 채굴 할당량을 채우지 못해서 도망가는 원주민을 동물 사냥하듯 참혹하게 살해했다.

이후 이 사실이 이사벨 여왕에게 보고되어 콜럼버스는 항해에서 돌아오자마자 문책을 당한다. 그는 1492년 첫 번째 귀환에서는 영웅 대접을 받았지만, 4년 만인 1496년 두 번째 귀환에서는 명예가 바닥으로 추락하고 말았다. 급기야 세 번째 항해에서는 일정을 다 마치기도 전에 본국으로 송환 조치를 당했다. 1502년 5월에 떠난 네 번째이자 마지막 그의 항해는 초라하기 그지없었다. 페르난도 왕과 이사벨 여왕은 더는 콜럼버스의 든든한 후원자가 아니었고, 배에 오른 몇 안 되는 선원들조차 그를 신뢰하지 않았다. 유일한 돌파구로 여겼던 금광마저 발견하지 못한 콜럼버스는 1504년 마지막 항해에서 쓸쓸히 돌아온다. 그가 발견한 땅을 직접 다스리는 총독의 지위와 그곳에서 얻는 총 수익의 10분의 1을 보장했던 이사벨 여왕과의 계약도 물거품이 되는 순간이었다.

어디서부터 잘못된 것일까. 콜럼버스가 처음 아메리카에 도착했을 때 그는 원주민들의 환대에 감동했고 순수한 그들에게 그리스도의 복음을 전파하고자 노력했다고 전해진다. 그러나 그들로부터 원하는 것을 얻지 못하자 콜럼버스는 조금씩 변해 갔다. 이사벨 여왕을 만나서 자신의 항해 계획을 처음 제안했던 1486년, 그는 이 브리핑을 멋지게 해내기 위해 사전에 몇 년간 스페인어를 공부했을 만큼 열정적인 사나이였다. 이탈리아의 항구도시 제노바에서 태어나 바다를 보며 꿈을 키웠을 청년 콜럼버스를 떠올리니 씁쓸함이 밀려온다. 그는 결국 초라한 죽음을 맞았지만, 세비야는 그로 인해 호황을 누렸다. 경제 발전에 힘입은 세비야는 한때 스페인에서 가장 많은 인구수를 기록하기도 했다. 경제적인 발전과 풍요는 건축과 미술, 음악 등 문화의 번영을 이끌었고, 이로써 세비야는 유럽 내에서도 가장 매혹적인 도시로 거듭났다.

강 건너로 뜨리아나 Triana 지역이 보인다. 오래전부터 소수 유랑 민족인 집시들이 거주하던 지역이다. 과달끼비르 강과 어우러진 세비야의 멋진 야경을 감상하려면 이 지역으로 가야 한다. 다리를 건너 뜨리아나 지역에 이르면 세비야 구시가지와는 또 다른 세상이 펼쳐진다. 많은 플라멩꼬 아티스트를 배출한 지역답게 곳곳에 플라멩꼬 공연장이 있고 주변에는 타파스 바와 카페들이 빼곡하다. 스페인의 세계적인 작곡가이자 피아니스트인 알베니스 Isaac Albéniz 가 작곡한 피아노곡 「Triana」의 모델이 바로 이곳이다. 평생을 여행하며 살았던 알베니스는 뜨리아나에서 플라멩꼬 음악을 들으며 작곡에 많은 영감을 받았다고 한다.

강변에서 한동안 앉아 시간을 보내다가 체크인을 하기 위해 호텔로 갔다. 스페인 전체 호텔 중 최고급 호텔로 평가받는 알폰소 13세 호텔이다. 단순히 고급스럽기만 한 호텔이라면 하룻밤에 250유로인 비싼 숙박료를 투자하지 않았을 것이다. 아라비아풍의 화려하고도 매혹적인 실내 인테리어가 내 맘을 사로잡았다. 안달루시아 여행의 하루 숙박 예산은 50유로였기에 이곳에서 하룻밤을 보내면 나머지 여행에 차질이 생길 것이 뻔했다. 하지만 이 환상적인 호텔에서 하루 정도는 나 자신에게 선물하고 싶었다. 게다가 프랑스나 영국에서 250유로로 이 정도 호텔에 묵는

알폰소 13세 호텔 안뜰 레스토랑

것은 꿈도 꿀 수 없는 일 아닌가. 난 한참을 고민하다가 절충안을 생각해 냈다. 세비야 외의 다른 도시에서는 가격이 제일 저렴한 유스호스텔에서 묵기로 한 것. 안달루시아 여행 총 7일 중 6일은 하룻밤에 11유로인 유스호스텔로 예약했다.

알폰소 13세 호텔은 1929년 세비야에서 열린 이베로-아메리카 박람회Exposición Iberoamericana를 위해 알폰소 13세의 특별 지시로 세워진 호텔이다. 1916년부터 공사를 시작해 박람회가 열리기 전해인 1928년에 문을 열었다. 1930년 프리모 데 리베라Miguel Primo de Rivera의 독재 정권이 붕괴되자 그의 독재를 묵인했던 알폰소 13세에 대한 국민 여론도 함께 싸늘해지고, 곧이어 스페인에 제2공화국이 들어서면서 알폰소 13세는 이탈리아 망명길에 오른다. 이때 호텔의 이름이 안달루시아 궁전Hotel Andalucia Palace으로 바뀌었는데, 그 후 프랑꼬Francisco Franco가 내전을 일으키고 1939년에 종전되면서 지금의 이름을 되찾았다. 1962년 역사상 가장 위대한 서사 영화로 손꼽히는 「아라비아의 로렌스」의 촬영지로 사용되었고, 1998년에는 스페인 문화재로 등록되었다. 호텔 앞에는 호텔 건물을 찍는 관광객이 많은데, 때로는 이 건물이 호텔인지 모르고 그저 아름다운 건물에 매료되어 사진을 찍기도 한다.

세비야에서는 하루만 묵고 다음날 바로 말라가로 이동하는 일정이었기에 하루의 시간을 알차게 보내야 했다. 오후에 구시가지를 돌아본 후 타파스 투어를 하고 저녁에는 플라멩꼬 공연을 보는 일정이었다.

세비야에서 절대 놓치지 말아야 할 명소는 바로 대성당이다. 스페인에서는 세비야 대성당과 똘레도, 사라고사Zaragoza, 부르고스Burgos 대성당이 가장 유명하다. 나는 여행지에서 굳이 비싼 돈을 내고 성당 내부까지 들어가진 않는 편이다. 그런데 세비야 대성당은 도저히 그냥 지나칠 수 없는 곳이다. 스페인에서 꼭 가봐야 하는 성당을 꼽으라면 가우디의 성가족 성당과 세비야 대성당을 선택할 것이다.

이슬람 사원이 있던 자리에 이 대성당이 지어졌는데, 사원의 유일한 흔적은 히랄다 Giralda 탑 앞에 있는 안뜰이다. 성당 외관은 고딕 양식으로 지어졌지만 전체적으로는 이슬람 건축과 고딕 양식, 르네상스 양식이 조화를 이룬다. 성당의 크기는 폭 116미터, 길이 76미터로 바티칸의 성 베드로 성당, 런던의 세인트 폴 성당에 이어 유럽에서 세 번째로 큰 성당이다. 1402년에 시작한 공사는 무려 100년이 넘게 걸려 완공되었다.

입장을 위해 한 시간이나 줄을 서야 했지만, 그 시간이 전혀 아깝지 않았다. 나는 엄청난 성당 내부 규모에 한동안 정신을 차리지 못했다. 이 거대한 성당 안에 수천 명의 관광객이 있다는 사실이 믿기지 않을 정도로 고요했다. 모두가 나처럼 숨 죽인 채 살금살금 성당 안을 걸어 다녔고 입에서는 감탄사만 흘러나왔기 때문이다.

| 세비야 대성당 전경

성당 내부에는 중세 왕들의 유해가 안치되어 있는데, 뜻밖에도 콜럼버스의 관이 있다. '죽어서도 스페인 땅을 밟고 싶지 않다'는 콜럼버스의 유언에 따라 콜럼버스의 관은 공중에 떠 있다. 관을 들고 있는 사람들은 스페인의 가톨릭 왕국이었던 까스띠야, 레온, 아라곤, 나바라Navarra를 상징한다. 콜럼버스는 죽는 날까지 두 가지를 몰랐다. 자신이 발견한 신대륙이 인도가 아닌 아메리카였다는 것. 그리고 그렇게도 원치 않던 스페인에 자신이 고이 잠들게 된다는 사실.

01-02. 세비야 대성당 내부
03. 유언에 따라 공중에 들려 있는 콜럼버스의 관

성당 내부를 관람하고 나면 히랄다탑으로 올라가는 이정표가 나온다. 이 종탑은 희한하게도 계단이 아닌 오르막길로 되어 있다. 1번부터 32번까지 오르막을 오르면 세비야의 시내 전경을 감상할 수 있는 전망대가 나온다.

안달루시아 여행에서 가장 중요한 팁을 준다면 그라나다의 알암브라 궁전 입장권은 반드시 미리 온라인으로 예약해야 하며 세비야 대성당에서는 적어도 3~4시간 정도의 여유를 두고 일정을 잡는 것이 좋다.

| 히랄다탑에서 보는 세비야 전경

| 히랄다탑

어느 날 집에서 스페인의 한 오디션 프로그램을 본 적이 있다. 세비야 출신의 20대 중반의 남성 참가자가 등장했고, 세 명의 심사 위원은 숨을 죽이고 기대에 찬 표정으로 그의 무대를 기다렸다. 구슬픈 노랫가락이 그의 입에서 흘러나왔다. 기타 반주도 없이 울리는 생생한 목소리에는 한(恨)이 서려 있음을 느낄 수 있었다. 노래가 끝나고 참가자의 정체가 밝혀졌다. 보통 키에 다부진 몸매의 그는 세비야에 있는 플라멩꼬 공연장에서 노래를 부르는 직업을 갖고 있었다. 플라멩꼬는 깐떼Cante, 노래와 바일레Baile, 춤, 또께Toque, 연주로 구성된 스페인의 전통 예술이다. 스페인에서는 안달루시아 지역을 플라멩꼬의 본고장으로 보고 있으며, 무르시아Murcia 지방이나 에스뜨레마두라Extremadura 지방에서도 그 흔적을 찾아볼 수 있다.

"플라멩꼬에 바일레가 빠지니 뭔가 허전하네요"

여자 심사 위원 한 명이 무대로 뚜벅뚜벅 올라가 플라멩꼬를 추기 시작했다. 당황하던 참가자가 박수로 리듬을 타자 다른 여자 심사위원도 무대로 올라갔다. 즉석에서 플라멩꼬 공연이 펼쳐졌다. 관객들도 술렁이다가 이내 어깨춤을 췄다.

"싼스! 당신은 보고만 있을 건가요?"

심사위원 중 유일하게 아는 스페인의 국민가수 알레한드로 싼스Alejandro Sanz마저 무대로 나가고 공연장은 축제 분위기가 되었다. 우리나라에서는 좀처럼 볼 수 없는 장면에 눈이 즐거웠지만, 무엇보다 내가 놀란 것은 무대 위로 올라간 모든 사람의 능숙한 플라멩꼬 실력이었다. 스페인에서 플라멩꼬는 전 국민적으로 사랑받는 전통 예술 분야이며, 2010년에는 유네스코 인류 무형 문화유산으로도 지정되었다.

세비야 대성당에서 나와 기차역에서 예매한 플라멩꼬 공연장을 찾아 길을 나섰다. 구시가지의 좁디좁은 골목길을 계속 걸어야 했고, 왔던 길을 다시 돌아오는 수고도 감수해야 했다. 그런데 왜일까. 그 여정이 재밌기만 했다. 공연 시작 30분 전에 도착해서 공연장 위치를 봐놓고 근처 타파스 바에서 간단하게 저녁을 먹었다.

오늘은 분명 다른 것을 먹어 보려 했는데 역시나 오징어튀김과 새우튀김 그리고 안달루시아에 왔으면 꼭 한번 마셔 봐야 하는 셰리Sherry 와인을 시켰다. 셰리 와인은 포르투갈 뽀르또Porto의 포트port 와인과 함께 세계 2대 주정 강화 와인알코올 도수를 18퍼센트 이상으로 높인 와인이다. 뽀르또와 세비야는 무슨 연관이 있는 걸까? 백년전쟁으로 프랑스로부터 와인 수입이 불가능해진 영국인들이 자국 와인 애호가들의 수요를 충족하기 위해 세비야와 뽀르또 등지에서 자국 수출용으로 와인을 생산하게 되었다. 긴 운송 기간에 와인이 변질될 것을 대비해 브랜디를 첨가한 것이 주정 강화 와인의 유래이다.

공연장은 대략 40~50명 정도가 앉을 수 있는 작은 규모였다. 첫 번째 순서는 깐떼. 이번이 내 생에 세 번째 플라멩꼬 공연 관람으로, 한 번쯤은 여성이 부르는 노래를 들어 보고 싶었다. 난 개인적으로 무희의 춤보다도 깐따오르Cantaor, 가수의 애절한 노래가 더 마음에 와 닿는다. 슬픔과 기쁨, 사랑과 미움, 두려움, 열정 등으로 명확히 표현할 수 없는 무언가의 애절한 울림은 내가 지금껏 살아오면서 겪었던 모

17kg의 무거운 의상을 입고 열정적으로 춤추는 무희

든 감정이 조금씩 건드려지는 심리적 동요를 일으킨다.

바일라오라Bailaora, 여자 무용수가 등장하면서 그녀의 눈빛과 몸짓 그리고 손놀림 하나에 관객의 시선이 집중된다. 이어지는 열정적이고 매혹적인 춤사위. 그리고 그녀의 '오호 푸에르떼Ojo fuerte, 강렬한 눈빛'. 일반 춤과 플라멩꼬의 가장 큰 차이는 바로 이 눈빛이 아닐까. 바일라오르Bailaor, 남자 무용수의 박수 소리에 맞춰 무희는 자신의 모든 에너지를 무대 위에 쏟아붓는다.

세계적으로 인기를 끌고 관광객이 몰리면 공연은 상업화되고 규모는 커지게 마련이다. 지급하는 돈은 올라가지만 관객과 무대의 거리는 멀어지기 일쑤. 하지만 플라멩꼬는 다르다. 공연장의 수가 많아질 뿐 공연장은 더 작아지고 무대는 관객에게 더한 감동을 선사한다. 관객은 무대 바로 앞에서 무희의 숨소리까지 들을 수 있다. 관객과 함께 호흡하면서 무언가를 이야기하고자 하는 것은 어디서도 환영받지 못하고 천대 속에서 굶주렸던 집시들의 한일까? 공연이 모두 끝나고 나면 알 수 없는 강렬한 여운이 가슴에 남는다. 그래서 또 한 번 플라멩꼬를 보고 싶다는 생각을 하게 된다. 공연 후에 건물 2층 플라멩꼬 박물관에서는 플라멩꼬에 관한 동영상과 함께, 플라멩꼬 관련 소품과 장신구 등을 볼 수 있다.

세비야에서 지내는 둘째 날이자 마지막 날의 첫 번째 행선지는 스페인에 있는 광장 중에서 제일 아름답다는 스페인España 광장이다. 호텔에서 스페인 광장으로 가는 지름길은 세비야 대학교 정중앙을 통과하는 것이다. 덕분에 유럽에서도 명문 대학으로 꼽히는 세비야 대학교를 방문할 수 있었다. 그중에서도 법학부 건물을 가로질렀다. 1982년부터 1996년까지 무려 14년 동안 스페인의 총리를 지낸 펠리뻬 곤잘레스Felipe González Márquez가 바로 세비야 대학교 법학과 출신이다.

학교 안은 학생들로 가득했다. 예술과 낭만이 넘치는 세비야에서 대학 시절을

| 바로크 양식으로 지어진 세비야 대학교의 입구

보내는 이들이 하염없이 부러워진다. 우연히 본 학교 행사 홍보 팸플릿에서 재미있는 사실을 하나 발견했다. 학교의 주소가 'Real Fábrica de Tabacos de Sevilla, Calle San Fernando, 4'로 적혀 있었다. 우리말로 풀어 보면 '산 페르난도 길 4번지, 세비야 왕립 담배 공장'이다. 맞다. 이곳은 담배 공장이었다. 1492년 첫 번째 항해에서 돌아온 콜럼버스에 의해 유럽에 전파된 담배는 세비야의 주요 산업으로 떠올랐고 안달루시아 곳곳에 담배 공장이 들어섰는데, 이곳이 유럽 최초의 담배 공장이었다.

프랑스를 대표하는 오페라 중 하나인 비제Bizet의 「까르멘Carmen」을 본 사람이라면 여주인공인 까르멘이 담배 공장에서 일했다는 것을 기억할 것이다. 극에서 까르멘이 일했던 담배 공장이 바로 지금 내가 들어와 있는 이 건물이다. 까르멘은 담배 공장에서 일하는 다른 여성들과 마찬가지로 최하층 노동자였고, 안달루시아 집시였다.

| 스페인 광장

　스페인 광장에 들어서니 중앙 분수대와 강 위로 아름다운 아치형 다리가 보이고 광장을 둘러싼 거대한 반원형의 건물이 한눈에 들어왔다. 이 건물은 1929년에 열린 이베로-아메리카 박람회장으로 사용하기 위해 세워졌으며, 세비야 출신의 건축가 아니발 곤살레스 Aníbal González의 작품이다. 광장의 전체 크기가 대략 5만 제곱미터인데 이 건물이 차지하는 공간이 무려 1만9천 제곱미터이다. 현재까지도 안달루시아에서 제일 큰 건축물로 남아 있다.

　스페인 광장은 여배우 김태희 씨가 매혹적인 플라멩꼬를 추며 CF를 촬영했던 곳이기도 하고, 영화 「스타워즈 에피소드 2-클론의 습격」 촬영지로도 유명하다. 건물 안쪽에 나란히 놓인 수십 개의 벤치는 관광객들과 세비야 주민의 휴식처이다. 앉아서 신문을 읽는 사람, 누워서 낮잠을 자는 사람, 친구와 수다를 떠는 학생들. 내가 늘 마음속으로 그리던 유럽의 모습이다. 치열한 경쟁 구도 속에서 급속도로 발전한 한국 사회에서는 좀처럼 느껴 볼 수 없는 여유.

　벤치로 가까이 가면 아주 흥미로운 그림들이 보인다. 벽면과 바닥에는 스페인 58개 도시의 지도와 역사적 사건을 묘사한 그림이 채색 타일로 장식되어 있다. 주로 전쟁의 승리를 기념한 그림들이다.

스페인, 마음에 닿다

이 중에서 가장 유명한 그림은 함락당한 그라나다의 왕 보압딜Boabdil, 무함마드 12세이 알암브라 궁전의 열쇠를 페르난도 왕과 이사벨 여왕에게 넘기는 장면이다. 씨우다드 레알Ciudad Real에는 말을 탄 돈 끼호떼와 산초가 보이고, 또 다른 벤치에는 스페인의 첫 국외 영토였던 까나리아Canaria 섬이 있다. 한 중년 커플이 아스뚜리아스 지방의 수도인 오비에도Oviedo 앞에서 한참을 구경하다가 기념사진을 찍었다. 오비에도에서 온 스페인 관광객인 듯하다. 그림을 모두 감상하고 나면 마치 스페인 일주를 한 것 같은 뿌듯한 기분이 든다.

이후 나는 다음 여행 도시인 말라가로 넘어가기 위해 과달끼비르 강변을 따라

버스 터미널로 걸어갔다. 길 건너편에 투우장이 보인다. 1881년에 지은 왕립 마에스뜨란사 Real Maestranza 투우장이다. 오페라 「까르멘」의 마지막 4막, 투우장 앞에서 까르멘을 만난 호세 하사가 자신과 함께 이 도시를 떠나자고 애원하지만 까르멘은 매몰차게 그를 뿌리치고 새로운 사랑인 투우사 에스까미요에게 가려 한다. 그때 투우장에서 '투우사의 노래'가 들려오고 버림받은 호세가 까르멘을 칼로 찔러 죽이면서 그들의 비극적인 사랑은 끝이 난다. 갑자기 오페라 「까르멘」이 다시 보고 싶어졌다. 세비야를 직접 본 후에 오페라를 보면 또 어떤 감동일지. 마드리드에 돌아가면 「까르멘」과 「세비야의 이발사」 공연 일정부터 찾아봐야겠다.

CHAPTER 5. 말라가에서 만난 피카소

　스페인의 17개 자치 지방 중에서 특히 안달루시아는 사전에 여행 계획을 잘 세워야 하는 곳이다. 볼거리와 즐길 거리가 풍부한 만큼 한정된 시간 안에 최대한 효율적으로 여행할 수 있도록 루트와 관광지 선택을 충분히 고민해야 한다.

　안달루시아에서 반드시 봐야 하는 관광지를 꼽는다면 세비야의 대성당과 그라나다의 알암브라 궁전, 꼬르도바의 메스끼따 사원이다. 이것만 다 보려고 해도 세 개 도시를 돌아야 하고 그러려면 최소 4박 5일은 잡아야 한다. 그러나 만약 안달루시아에서 10일 정도 체류할 시간이 있다면 말라가에 머물면서 말라가를 중심으로 안달루시아의 주요 도시들을 관광하는 방법을 추천한다. 세비야, 꼬르도바, 그라나다 이외에도 론다Ronda, 네르하, 프리힐리아나, 에스떼뽀나Estepona 등이 모두 지리적으로 말라가와 근접해 있기 때문이다. 스페인 여행에 앞서 스페인어를 단 며칠이라도 배우고 싶은 여행자라면 더더욱 말라가가 가장 적합한 장소이다. 말라가는 여행 정보가 많지 않은 편이지만, 그 어느 도시보다도 아름답고 볼거리가 많다.

　지중해와 마주한 평화로운 항구도시 말라가는 기후가 온화해 스페인 내에서도 살기 좋은 도시로 손꼽힌다. 인구는 약 57만 명. 세비야에 이어 안달루시아 지방에서 두 번째로 인구가 많으며, 스페인 전체에서는 여섯 번째로 많다. 말라가는 미술계의 거장 피카소Pablo Picasso의 고향이기도 하다. 말라가 시내를 걷다 보면 피카소가 살아 있는 것 같은 착각이 들 정도로 친근하게 느껴진다. 어느 길목에서 마주친 작은 성당 외벽에는 '피카소가 세례받은 곳'이라는 표시가 보인다. 거리 상점에선 피카소의 엽서를 팔고, 피카소 이발소, 피카소 카페 등 여기저기 피카소 이름을 내건 가게들이 있다. 말라가는 이렇게 피카소의 자취가 진하게 묻어나는 곳이다.

"피카소의 생가가 어디에 있나요?"

이른 아침 말라가 주민에게 길을 물으며 메르세드Merced 광장 바로 앞에 있는 피카소의 생가Casa Natal de Picasso에 도착했다. 난 바로 입장하지 않고 건물 앞 레스토랑 야외 테이블에 앉아 아침을 먹었다. 작은 샌드위치 하나와 오렌지 주스 그리고 커피 한 잔, 이렇게 아침 세트가 3유로다. 식사 내내 잔잔한 생음악을 들려주는 거리의 악사에게 1유로를 건네도 4유로면 훌륭한 아침 식사를 즐길 수 있다. 따스한 햇볕으로 가득한 광장은 평화롭다. 즐거움과 휴식이 있고 이야기와 낭만이 있다. 생음악 저 너머로 기념품 가게에서는 아랍 음악이 흘러나오고 가게 주인은 물을 뿌리며 청소 중이다. 광장 한쪽에서 아이들이 뛰논다. 어린 피카소도 이 광장에서 친구들과 저렇게 뛰어놀았겠지.

| 메르세드 광장과 피카소 생가가 있는 건물

스페인, 마음에 닿다

　한 할머니가 피카소 동상 옆에 다소곳이 손을 모으고 앉아 포즈를 취하자 할아버지는 "하나, 둘, 셋!"을 외치며 할머니와 피카소를 사진에 담는다. 우리가 기억하는 노년의 피카소를 동상으로 만들어 놓았는데, 어린 시절의 피카소도 동상으로 만들어 그 옆자리에 함께 있게 해주면 어떨까 하는 생각도 해본다. 피카소는 생애 대부분을 프랑스에서 보냈지만, 그의 영혼은 스페인을 벗어날 수 없었다. 언제나 안달루시아를 그리워했으며, 어린 시절의 추억이 깃든 이 광장을 잊지 않았다.

　입장료를 내고 피카소의 생가에 들어가서 제일 먼저 본 것은 피카소의 어린 시절 사진들과 가족들의 초상화였다. 1888년 그가 일곱 살 때 여동생 롤라와 찍은 사진과 피카소의 친할아버지 초상화. 이전에 피카소의 가족사진을 보면서 피카소가 아버지와 어머니 중 그 누구와도 닮지 않았다고 생각했었는데, 여기 와서 보니 할아버지를 많이 닮은 것 같다.

01. 레스토랑 메뉴판 옆의 피카소 그림
02. 광장에서 CD를 팔고 있는 상인
03. 피카소 동상과 함께 기념사진을 찍는 노부부

피카소 어머니의 이름은 마리아 피카소 로뻬스Maria Picasso López이고 아버지의 이름은 호세 루이스 블라스꼬José Ruiz Blasco이다. 피카소는 아버지의 성이 아닌 어머니의 처녀 시절 성을 사용할 만큼 어머니를 사랑했고, 또한 어머니로부터 넘치는 사랑을 받았다. 1901년 그의 첫 자화상 상단에 '요, 피카소Yo, Picasso, 나는 피카소다'라고 새겨 넣으며 공식적으로 피카소라는 이름을 사용했다.

내가 어렸을 때 어머니는 말씀하셨지,
네가 만약 군인이 된다면 넌 장군이 될 것이고,
네가 만약 신부가 된다면 넌 교황이 될 거라고.
대신에 나는 화가가 되었고 결국 피카소가 되었어.

When I was a child my mother said to me,
If you become a soldier, you will be a general.
If you become a monk, you will be the pope.
Instead I became a painter and wound up as Picasso.

피카소의 아버지도 화가였다. 어린 피카소의 재능을 발견하고 화가가 될 수 있도록 길을 열어 준 것은 아버지였다. 하지만 지금의 피카소를 만든 건 바로 그의 어머니였다. 동시대를 풍미했던 미국의 소설가 헤밍웨이Ernest Hemingway와 피카소의 이야기를 잠시 꺼내 보자.

헤밍웨이 콤플렉스라는 말이 있다. 아들이 어머니를 미워하고 아버지를 좋아하는 것을 뜻하는데, 오이디푸스 콤플렉스남성이 부친을 증오하고 모친에 대해서 품는 무의식적인 성적 애착와 달리 후천적으로 형성되는 성격과 관련이 있다.

교사 출신인 헤밍웨이의 어머니는 어린 헤밍웨이에게 그가 어떻게 살아야 하는

지, 또한 어떻게 사는 것이 부모의 기대에 부응하는 것인지 수도 없이 다그쳤다. 한 번 더 안아 줘도 부족할 어린아이에게 가해진 엄한 가정교육은 헤밍웨이가 스스로를 불행하다고 느끼게 했다. 가우디가 세상을 떠난 1926년, 헤밍웨이는 소설 『태양은 다시 떠오른다The sun also rises』로 큰 성공을 거둔다. 헤밍웨이는 세계적인 작가의 반열에 올랐지만 2년 후인 1928년 가을에 아버지가 자살했다는 비보를 접한다. 그리고 어느 날 어머니로부터 소포 하나를 받게 되는데, 그 안에는 아버지가 자살할 때 사용한 권총이 들어 있었다. 아들을 향한 어머니의 빗나간 애정과 집착이 증오로 변해 버린 것이다.

그 후로도 헤밍웨이는 1929년 『무기여 잘 있거라』, 1940년 『누구를 위하여 종은 울리나』를 출간하면서 명성을 얻고, 1953년 『노인과 바다』로 퓰리처상, 1954년에는 노벨문학상을 받으면서 승승장구했다. 하지만 아프리카 여행 중 두 번의 경비행기 사고를 겪고 심신이 쇠약해진 헤밍웨이는 엽총을 들고 아버지와 같은 방식의 죽음을 택했다. 그뿐만이 아니다. 헤밍웨이의 남동생과 여동생도 자살로 생을 마감했다. 헤밍웨이가의 비운은 어디에서 시작된 것일까.

헤밍웨이는 1차 세계대전 참전 당시 박격포 공격으로 부상을 입어 대수술을 받고 훈장을 받는다. 스페인 내전 때에는 인민전선을 지원하는 의용군으로 자원하고, 2차 세계대전 당시에는 노르망디 상륙작전에 참여했다. 그는 두려움을 모르는 거친 남자였고 20세기 미국 남성의 상징성에 부합하는 인물이었다. 183센티미터의 훤칠한 키에 호남이었던 그는 한마디로 미국의 영웅이었다.

이러한 헤밍웨이에 비해 피카소의 외모는 초라하기 그지없었다. 키도 160센티미터밖에 되지 않는다. 현재 스페인 본토의 스페인어와 중남미의 스페인어에 발음상의 차이가 있는 것은 옛날 신대륙 항해 당시 콜럼버스의 일행 대부분이 안달루시아 출신이었고, 그들로부터 중남미에 스페인어가 전파되었기 때문이다. 피카소 역시 안달루시아 출신이었고 1895년 아버지를 따라 바르셀로나로 이사했을 때 어눌한 발음 때문에 친구들에게 놀림을 당했다고 한다.

하지만 피카소는 본인이 천재라는 것을 너무 잘 알고 있었고 또한 그의 뒤에는 언제나 그를 믿어 주고 아껴 주는 어머니가 있었다. 피카소 생가에서 도보로 5분 거리인 피카소 미술관Museo Picasso Malaga에서 피카소의 1921년 작품인 「어머니와 아이Mother and Child」를 볼 수 있다. 1921년은 피카소의 아들이 태어난 해이다.

닮은 듯 다른 삶을 살았던 피카소와 헤밍웨이. 이 두 사람의 삶을 조명하면서 어머니의 역할이 얼마나 중요한지 다시 한 번 깨닫는다.

세비야에서의 럭셔리한 하룻밤의 대가로 말라가에서는 제일 저렴한 호스텔에서 지내게 되었지만 시내 중심에 위치한 필 호스텔Feel Hostel은 웬만한 호텔보다 위치와 청결, 친절도 등 모든 면에서 정말 우수한 숙박지였다. 2층 침대가 네 개 있는 도미토리룸의 1인당 하루 숙박료는 11유로인데 아침 식사까지 포함된 가격이다. 물론 건조한 빵과 우유, 커피가 전부였지만 그래도 이건 분명 감동 서비스다. 게다가 매

| 시내 중심가에 있는 필 호스텔 입구

| 말라가 피카소 미술관 입구

일 저녁 8시 30분에 모든 투숙객에게 상그리아 한 잔씩을 무료로 준다.

"뭐 불편한 점이 있으면 언제든지 이야기하세요. 아, 참! 그리고 우리 서비스에 만족하신다면 인터넷에 이용 후기를 잘~ 좀 올려 주세요."

인터넷에 이용 후기를 잘 올린 것은 물론이고 이렇게 책에 깨알 홍보까지 해주고 있는 것을 그 직원은 아마 상상도 못 할 것이다. 언젠가 다시 말라가에 가게 된다면 이 책을 들고 가서 상그리아를 한 잔 더 무료로 달라고 졸라 봐야겠다.

말라가 시내는 무척이나 아름답다. 특히 밤거리가 인상적인데, 의류 판매장으로 가득한 보행자 거리 마르께스 데 라리오스 Marqués de Larios 주변으로 예쁜 상점과 레스토랑이 많다. 시내에서 말라가 대성당을 지나면 히브랄파로 Gibralfaro 성으로 가는 오르막길이 나온다. 말라가 시내와 지중해를 한눈에 바라볼 수 있는 곳이다. 히브랄파로는 아랍어로 '산에 있는 등대'라는 뜻이다. 일정에 여유가 있다면 나처럼 낮에 한 번, 밤에 한 번 올라가 보면 좋겠지만, 만약 한 번만 올라갈 수 있다면 저녁

말라가 대성당 야경

에 올라가서 야경을 감상해야 한다. 자가용이나 버스를 이용하면 전망대까지 쉽게 갈 수 있지만, 산책길을 따라 천천히 걸어도 20분 안에 다다를 수 있기에 걷는 것을 추천한다.

늦은 저녁 시간에 나는 아랍 목욕탕 Baño árabe으로 갔다. 내가 간 곳은 먼 옛날 안달루시아가 이슬람의 지배 아래에 있을 때 사용하던 목욕탕 유적지가 아니라 현재도 사용되고 있는 아랍식 대중목욕탕이다. 이슬람 사회에서 목욕탕은 모스크에서 예배를 드리기 전에 몸을 정결하게 하는 신성한 장소이기도 했다. 목욕탕의 이름은 암맘 Hammam. 상호 자체가 목욕탕이라는 뜻이다. 말라가 외에 그라나다, 꼬르도바, 마드리드에서도 운영하는 목욕탕 체인이다. 우리나라의 대중목욕탕과 다른 점이 있다면 가격이 제법 비싸고 인원에 제한이 있다는 것. 입장 시간은 오전 10시부터 자정까지 두 시간 단위로 총 여덟 번뿐이다. 이용 시간은 최대 두 시간이다. 기본 입장료는 30유로인데 나는 15분 마사지를 포함해 43유로의 입장료를 내고 들

히브랄파로 성에서 보이는 말라가 야경

| 말라가 시내 식당 풍경

| 아랍 목욕탕 입구

어갔다. 목욕탕 안으로 들어가 고급스러운 실내 인테리어를 보는 순간 '뭐가 이렇게 비싸' 하고 불평하던 마음이 한순간에 싹 사라지고 이곳에 오길 잘했다는 생각부터 들었다. 내부는 이슬람 궁전 목욕탕을 그대로 재현해 놓았다. 보는 이를 압도하는 화려하고 웅장한 장식과 묘한 아랍의 향기가 어우러져 이색적인 분위기를 연출한다. 마치 이슬람 궁전에 초대받은 귀한 손님이 된 느낌이 든다.

다음 날 아침에도 나는 같은 장소에서 아침을 먹고 광장에서 오전 시간을 보냈다. 그러다 우연히 피카소의 생가가 있는 건물 중앙 2층에서 피카소 어학원 Instituto Picasso을 발견하고 들어가 보았다. 교실 앞 게시판에는 정규수업 외에 어학원에서 진행하는 특별활동 표가 붙어 있었는데 내용이 매우 흥미로웠다.

월요일 - 환영 음료, 친교의 시간 : 무료
화요일 - 살사/플라멩꼬 강좌 : 무료
수요일 - 아랍 목욕탕 Hammam 방문 : 23유로(마사지 포함할 경우 28유로)
목요일 - 플라멩꼬 공연 감상 : 14유로
금요일 - 피카소 미술관 방문 : 8유로(가이드 포함)
토요일 - 그라나다 여행. 아침 7시 출발-저녁 8시 복귀 : 50유로
금~일요일 - 모로코 2박 3일 관광 : 190유로

내가 안달루시아에서 하고 싶었던 관광 상품들이 다수 포함되어 있었다. 게다가 단체라서 그런지 가격도 훨씬 저렴했다. 아랍 목욕탕만 해도 내가 지급한 43유로보다 무려 15유로나 저렴했다. 한참 동안 게시판을 들여다보고 있는데 학원 교사로 보이는 사람이 다가와서 인사를 건넸다.

"특별활동은 매주 변경돼요. 지난주에는 론다와 프리힐리아나에 다녀왔고 어떤 때에는 윈드서핑 강좌도 한답니다. 관심이 있다면 언제든지 연락 주세요."

가격을 문의해 보니 하루에 네 시간씩 하는 집중 코스Curso Intensivo의 1주일 가격은 170유로, 2주일 가격은 310유로, 한 달 가격은 560유로다. 이런 정보를 미리 알았더라면 일주일간 학원에 등록해서 스페인어도 배우고 친구들도 사귀고 여행도 더 즐겁고 저렴하게 했을 텐데 아쉽기만 하다. 스페인은 관광객 신분으로도 학원에 등록할 수 있으니 말라가에서 여정을 풀고 1주에서 2주 정도 어학 공부에 매진해 보는 것도 특별한 체험이 될 것이다. 다만, 학원에 다니게 된다면 사전에 한국에서 두 배, 세 배의 시간을 투자해서 기초 실력만큼은 갖추고 와야 훨씬 더 많은 것을 얻을 수 있을 것이다.

스페인, 마음에 닿다

CHAPTER 6. 무어인들이 세상에 남긴 최고의 걸작, 알암브라

　그라나다에 있는 알암브라 궁전은 이슬람 건축가들이 서양에 남긴 가장 훌륭한 불후의 업적으로 평가받는다. 711년 무어인들이 이베리아 반도에 침공했다. 무어인은 인종을 뜻하는 단어가 아닌, 모로코와 알제리 등 북아프리카 지역에 살던 이슬람교도를 포괄하는 명칭이다. 꼬르도바를 중심으로 스페인에서 세력을 키운 무어인들은 이베리아 반도의 대부분을 점령했다.

　1492년 까스띠야의 이사벨 여왕과 아라곤의 페르난도 2세가 그라나다를 재정복함으로써 국토 회복 운동의 종지부를 찍었다. 이 때문에 혹자는 스페인이 이슬람 세력으로부터 800년간 통치받았다고 말하기도 하지만, 실제로 무어인들이 스페인에서 주도권을 빼앗긴 것은 1085년 까스띠야의 왕 알폰소 6세가 똘레도를 함락하면서부터이다. 그 이후 이슬람 세력은 점차 쇠퇴하기 시작했으며, 약 150년 뒤인 1236년에 페르난도 3세는 마침내 꼬르도바를 점령했다.

　이베리아에서 500년을 버텼던 이슬람 세력이 북쪽에서부터 밀고 내려오는 가톨릭 왕국에 밀리며 세를 잃어 갔고, 이 무렵 나스르 왕조Nazaries 1232~1492가 들어섰다. 나스르 왕조의 초대 왕인 무함마드 1세는 궁전을 짓기 위해 적의 침입으로부터 안전한 장소를 물색하던 중 지금의 알암브라 궁전이 있는 지역을 발견한다. 고도 740미터에 위치해 그라나다 시내를 한눈에 바라볼 수 있으며, 뒤로는 *시에라네바다Sierra Nevada 산맥이 있고 앞으로는 높은 절벽이 있는 천혜의 요새였다.

　그는 세상에서 가장 화려하고 웅장한 궁전을 짓고 싶어했다. 외부에 군사적인 힘을 과시하며, 그라나다 주민들에게 나스르 왕조가 건재하다는 것을 보여 줘야 했다. 그렇게 알암브라 궁전의 건설이 시작됐다. 제일 먼저 건설한 것은 서쪽 끝에

| 시내에서 바라보는 그라나다와 시에라 네바다 산맥

| **시에라 네바다** | '눈 덮인 산맥'이라는 뜻이다. 미국의 시에라 네바다 산맥과 이름이 같은데, 미 서부에 처음 도착한 스페인 군대가 만년설에 뒤덮인 거대한 산맥을 보고 자국의 시에라 네바다와 흡사하다며 같은 이름을 붙였다. |

| 니꼴라스 전망대에서 바라보는 알암브라 궁전의 전경

있는 벨라^{Vela}탑이다. 이곳은 감시탑으로도 알려졌는데, 궁전을 짓는 순간에도 적의 침입으로부터 자유로울 수 없었기 때문이다.

    1246년, 무함마드는 하엔^{Jaen}이 정복됐다는 전갈을 받는다. 하엔은 그라나다 북부 66킬로미터 지점에 있는 도시로 무함마드의 통치 아래에 있었다. 하엔의 함락은 무함마드에게 결정타였다. 그러나 무함마드는 하엔에 지원 병력을 보낼 만큼의 여력도 없었다. 자칫하면 그라나다까지 빼앗길 수 있다는 위기감이 무함마드를 두려움에 휩싸이게 했다.

  결국 그는 까스띠야의 페르난도 3세에게 하엔을 포기하고 세비야를 점령할 수 있도록 도와주는 대신에 그라나다의 자치권만은 보장해 달라고 요청한다. 이 모든 것이 그라나다를 위한 희생이었다. 외교술에 뛰어났던 것으로 알려진 무함마드의 영민한 대처였지만, 이 협상으로 이슬람 세력은 걷잡을 수 없이 쇠퇴하고 만다. 2년 뒤인 1248년에 결국 세비야마저 정복당한다. 많은 희생을 치르면서까지 그토록 집착했던 알암브라 궁전의 완성을 눈으로 보지 못하고 무함마드는 1273년에 사망한다. 그리고 알암브라 궁전은 50년이 지난 1323년에 완성된다. 그 후에도 알암브라는 나스르 왕조의 정권이 바뀔 때마다 왕의 기호와 특성에 맞게 보수되거나 새로운 궁전이 지어졌다.

  나는 알암브라 궁전에 들어가기 전에 궁전의 맞은편 언덕에 자리 잡은 알바이신

01. 알바이신 지구의 좁은 골목길.
     멀리 알암브라 궁전이 보인다
02. 알바이신 지구에 있는 아랍식 주택

Albaycín 지구로 갔다. 성곽 도시로 발달한 탓에 미로처럼 얽혀 있는 좁은 골목길을 돌고 돌아 니꼴라스 전망대Mirador de San Nicolás로 올라갔다. 알암브라 궁전이 한눈에 들어왔다. 알암브라는 아랍어로 '붉은 성'이라는 뜻이다. 왜 알암브라라는 이름이 붙여졌는지 이해가 간다. 비가 부슬부슬 내렸다. 하늘은 어둡고 빛을 잃은 궁전은 옛 상처를 그대로 간직한 듯 보였다.

나스르 왕조의 마지막 왕 보압딜. 1491년 아라곤의 왕 페르난도에 의해 성은 완전히 포위됐다. 압박은 계속됐고 1492년 1월 2일, 결국 보압딜은 궁전의 열쇠를 이사벨과 페르난도에게 건넨다. 이베리아에서 찬란한 문화를 꽃피웠던 이슬람 왕조는 그렇게 역사 속으로 사라졌다.

알바이신 지구에서 내려와 다로Darro 강을 건너 알암브라 궁전으로 향했다. 시내에 있는 이사벨 라 까똘리까Isabel la Catolica 광장에서 C3번 버스를 타면 궁전 입구까지 쉽게 도착할 수 있지만 나는 음악을 들으며 천천히 걸어 올라갔다. 타레가Francisco Tárrega의 기타 연주곡 「알암브라 궁전의 추억」을 듣는다. '아, 어쩌면 이렇게 애잔하고 낭만적인 멜로디를 만들어 낼 수 있을까.' 곡 하나로 이 정도의 감동을 줄 수 있다는 사실에 새삼 놀란다. 음악을 듣다 보니 궁전을 두고 떠나는 보압딜의 뒷모습이 저절로 마음속에 그려진다. 1852년 발렌시아 지방의 작은 도시에

| 알바이신 지구에 있는 아랍식 주택

| 알바이신 지구에 있는 기념품 가게

서 태어난 타레가는 실연의 아픔을 겪고 스페인 남부를 여행하던 중 이곳 알암브라 궁전에 오게 된다. 「알암브라 궁전의 추억」은 궁전의 아름다움에 반한 그가 사랑했던 여인을 떠올리며 작곡한 곡으로, 현재까지도 알암브라 궁전의 정서를 가장 잘 표현한 곡으로 평가받고 있다.

음악을 들으며 걷는 길에 '알암브라의 아들Hijo de Alhambra'이라고 적힌 동상이 눈에 띄었다. 그의 이름은 워싱턴 어빙Washington Irving이다. 그가 알암브라의 아들이라는 칭호를 얻은 이유는 무엇일까? 그것도 미국인이. 그는 한동안 방치되었던 알암브라 궁전을 다시 세상에 알린 인물이다.

1561년 펠리뻬 2세가 에스빠냐 왕국의 수도를 똘레도에서 마드리드로 옮기면서 중앙정부 청사를 건설하고 왕궁을 보수하는 데 막대한 국가 예산이 투입됐다. 마드리드 근교에 거대한 엘 에스꼬리알 궁전이 만들어진 것도 이 시기였다. 마드리드가 수도로서의 기틀을 마련하고 세계적인 도시로 성장하는 동안 이슬람인들이 남긴 유산은 그대로 방치되거나 훼손됐다. 알암브라 궁전도 마찬가지 신세였다. 자연스럽게 사람들의 기억 속에서 서서히 잊혀졌다.

1829년, 그렇게 수백 년간 방치되었던 알암브라 궁전에 워싱턴 어빙이 찾아왔다. 1828년 『콜럼버스의 삶과 항해A History of the Life and Voyages of Christopher Columbus』를 출간하고 대성공을 거둔 후였다. 어빙은 자치 정부의 허락을 받아 직접 궁에 머무르며 『알암브라 이야기Tales of the Alhambra』를 썼고, 그의 책을 통해 알암브라 궁전은 다시 세상의 관심을 받게 되었다. 이에 스페인 정부는 궁전을 보수하기 시작했고 그렇게 알암브라 궁전은 어빙에 의해 재탄생했다.

30분쯤 걸어 알암브라 궁전에 도착했다. 다른 곳은 몰라도 알암브라 궁전의 입장권은 사전에 예매하는 것이 좋다. 일부 당일 판매도 하지만 보장할 수 없다. 예매했다 하더라도 입장권을 받기 위해서는 예약 번호를 가지고 줄을 서야 한다. 알암브라 궁전까지 가는 길은 정말 멀고도 멀다.

입구에서 나눠 주는 궁전 지도를 들고 제일 먼저 나스르 궁전으로 향했다. 알암브라 궁전의 하이라이트이다. 중정을 지나면 제일 먼저 메수아르 궁Palacio de Mexuar이 나온다. 아줄레호Azulejo 타일로 장식된 벽면이 독특한 메수아르는 왕의 집무실이었다. 창밖으로 알바이신 지구가 한눈에 들어오고 창틀 상단에는 아랍어로 '신 외의 정복자는 없다'라는 문구가 반복적으로 새겨져 있다.

메수아르에서 아라야네스 중정Patio de los Arrayanes을 통하면 꼬마레스 궁Palacio de Comares이 나온다. 이곳이 바로 그 유명한 대사의 방Salón de los Embajadores이다. 말 그대로 그라나다 왕국을 방문한 주변국의 대사가 왕을 알현하는 장소였다. 이곳은 그야말로 이슬람 건축의 정수를 보여 준다. 난 여기서부터는 사진을 제대로 찍지도 못했고 그나마 찍었던 사진들도 죄다 흔들렸거나 기울어졌다. 사진의 초점도 제대로 맞추지 못할 만큼 제정신이 아니었다. 그만큼 이곳은 이전에는 상상도 해볼 수

| 아줄레호 타일 장식 | 궁에서 보이는 알바이신 지구 | 꼬마레스 궁 입구 |

없었을 만큼 섬세하고 경이롭고 눈부시게 아름다웠다.

스페인 곳곳을 여행했던 헤밍웨이는 "스페인에서 단 한 곳만 갈 수 있다면 그라나다로 가야 한다"라고 말했다. 내 눈으로 직접 보고 나니 헤밍웨이의 말도, 알암브라 궁전이 이슬람 최고의 건축물이라는 말도 비로소 이해된다.

1974년, 30대 후반이었던 사담 후세인Saddam Hussein이 스페인에 국빈으로 방문했을 때 이런 말을 남겼다.

"나는 그라나다 땅을 밟은 게 아니라 품에 안았다고 말할 것이다."

당시에 이곳을 처음 방문한 대사들이 어떠한 심정으로 왕과 대면했을지 조금은 상상이 간다. 자신도 모르게 그라나다 왕국은 위대하고 그 통치는 영원할 것이라는 생각이 들었을지도 모를 일이다. 실제로 대사의 방에는 왕의 힘을 과시하기 위한 장치들이 숨어 있다. 이것들을 하나씩 찾아내는 것도 재미있다.

23미터 높이의 경이로운 천장은 8천 개의 삼나무 조각으로 만들어졌다. 섬세한

아라야네스 중정

대사의 방 벽면과 천장

나스르 궁전의 관광객들

문양은 이슬람의 일곱 개 천계를 상징한다. 이것은 우주의 축소판이고 왕이 그것을 통제한다는 강한 메시지가 숨어 있다. 왕은 자연광이 강렬하게 비치는 창가를 등지고 앉아 대사가 왕의 얼굴을 제대로 볼 수 없도록 연출했다. 빛을 이용해 대사를 압박하고 무언중에 그라나다 왕국의 건재함을 나타낸 것이다.

그러나 화려하고 아름다운 궁전의 이면에는 배신과 음모가 가득했고 피와 살인이 끊이지 않았다. 1354년 어느 날, 나스르 왕조의 5대 왕이었던 유스프Yusuf는 신에게 기도를 드리고 있을 때 갑자기 덮친 노예의 칼에 목숨을 잃었다. 유스프의 아들이자 6대 왕이었던 무함마드 5세는 왕위에 오른 지 5년 만에 당쟁과 암살 시도의 위협으로 도망치듯 그라나다를 떠난다. 그러나 무함마드 5세는 3년 뒤 까스띠야의 왕 뻬드로 1세의 도움을 받아 다시 왕좌를 되찾는다.

그때 돌아온 무함마드 5세가 지은 궁이 바로 사자의 궁Palacio de los Leones이다. 사자의 궁은 왕의 사적 공간으로 사용되었는데 왕족 이외의 남자들이 접근할 수 없었

| 사자의 중정 | 두 자매의 방 | 왕의 별장이었던 헤네랄리페 |

던 은밀한 공간이었고, 왕의 아내들의 방이 있는 하렘Harén 구역이었다. 사자의 궁은 그 어느 궁보다 더 정교하고 호화로웠다. 특히 두 자매의 방Sala de las Dos Hermanas 천장의 모카라베Mocárabe 장식은 눈이 부실 정도로 화려하다. 천장에 매달린 종유석 모양 장식에 사용된 파란색의 색소는 아프가니스탄에서 수입해 왔는데, 청금석에서 추출한 색소의 가격이 금값 수준이었다고 한다.

나스르 궁전에서 나와 까를로스 5세 궁전Palacio de Carlos V으로 갔다. 이사벨 여왕의 손자인 *까를로스 5세는 1526년 포르투갈 마누엘 1세의 둘째 딸 이사벨과 세비야에서 결혼식을 올리고 그라나다로 여행을 왔다. 알암브라 궁전에서 몇 달간 머무른 까를로스와 이사벨은 궁전의 아름다움에 흠뻑 빠져 이 장소에 자신의 궁전을 지으라고 명령했다. 그렇게 까를로스 5세 궁전은 알암브라의 정중앙에 세워졌다.

궁전의 외부는 네모반듯하지만 내부는 원형으로 지어졌다. 원래는 투우 경기가 벌어졌던 장소지만, 지금은 매년 여름 그라나다 국제 음악제Festival Internacional de Música y Danza de Granada가 열린다. 음악제 입장권은 보통 12월에서 1월 사이에 판매한다.

까를로스 5세 궁전을 구경한 뒤 건물 2층에 있는 미술관Museo de Bellas Artes Granada으로 갔다. 미술관 안에는 아주 흥미로운 그림이 한 장 있었다. 그라나다 출신의 스페인 화가 마누엘 고메스Manuel Gómez-Moreno González가 그린 「알암브라를 떠나는 보압딜 가족Salida de la Familia de Boabdil de la Alhambra」이다. 벽면을 가득 메울 정도로 큰 그림이다. 그림에는 서로 끌어안고 우는 사람들, 슬픔에 잠겨 궁을 나서는 부인들이 보인다.

까를로스 5세	스페인에서는 까를로스 1세, 신성 로마 제국에서는 카를 5세로 불린다. 외할머니인 이사벨 여왕으로부터는 까스띠야 왕국을, 외할아버지인 페르난도 2세로부터는 아라곤 왕국을 물려받았다. 게다가 친할아버지인 막시밀리안으로부터 신성 로마 제국을 상속받았다. 통일된 에스빠냐의 첫 번째 왕이었으며, 플랑드르에서 태어나 스페인어를 몰랐던 그는 에스빠냐의 첫 번째 외국인 왕이기도 했다.

벽면 하단에 아줄레호 타일 장식도 보이고 밖에서는 하인들이 짐을 싣고 있다. 누가 봐도 이 그림에서 가장 돋보이는 것은 가운데에 꼿꼿이 서 있는 여인이다. 그녀는 울고 있는 다른 부인들과는 달리 단호한 표정을 짓고 있다. 그녀가 바로 그라나다 왕국의 마지막 왕 보압딜의 어머니 술타나 아이샤Sultana Aixa이다. 그라나다가 함락된 것보다 알암브라 궁전을 떠나야 하는 것에 더 한탄했던 보압딜, 그가 모로코로 떠나는 길에 알암브라 궁전을 바라보며 눈물을 흘리자 그의 어머니는 이런 말을 했다고 한다.

"남자처럼 지키지 못하고 여자처럼 울고 있구나."
Llora como una mujer lo que no supiste defender como hombre.

| 마누엘 고메스, 「알암브라를 떠나는 보압딜 가족」

나스르 궁전

CHAPTER 7. 말라가에서 떠나는 론다와 꼬르도바 당일 여행

말라가에서 당일치기로 그라나다에 다녀온 뒤 렌터카를 빌려서 말라가 해변과 네르하 동굴로 유명한 네르하, 고지대에 위치한 눈부시게 하얀 마을 프리힐리아나 등을 다녀왔다. 이번 행선지는 론다이다. 말라가에서 우연히 그란 까나리아Gran Canaria 섬으로 가는 저렴한 항공권을 구입해 예상치 못한 여행지가 추가되는 바람에 전체적으로 일정을 수정해야 했다.

말라가에서 론다와 꼬르도바를 하루 만에 다녀오는 여행 일정이었기에 아침 일찍부터 서두르기로 했다. 차를 몰고 한 시간 반을 달려 론다에 도착했다. 한 시간이면 도착할 줄 알았는데 생각보다 길이 험하고 높은 산맥을 지나야 해서 시간이 조금 더 걸렸다.

지도를 펴고 누에보Nuevo 다리의 위치를 확인했다. 론다 관광은 구시가지와 신시가지를 잇는 누에보 다리에서 시작하면 될 것 같았다. 누에보 다리는 스페인에서 가장 아름답다는 평을 받는 다리이다. 오전 10시쯤이었고 비가 조금씩 내리고 있었다. 도시는 이미 관광객으로 가득 차 있었다. 이곳이 세계적인 관광지라는 것을 실감 했다. 사진을 찍는 연인들 옆을 지나 절벽 근처로 가니 드디어 누에보 다리가 눈에 들어왔다. 인간이 만든 위대한 건축물이었다. 협곡의 깊이는 100미터가 넘는데 저 밑에서부터 거대한 돌들을 쌓아 지금의 다리가 되었다. 1793년에 완공된 다리의 공사 기간은 무려 34년이었다.

과달레빈Guadalevín 강의 침식 작용 때문에 만들어진 깊은 협곡을 누에보 다리가 연결해 주고 있다. 감탄이 절로 나오는 이유는 다리의 웅장한 자태에도 있지만 무엇보다도 협곡과 다리, 절벽 위에 지어진 집들의 전체적인 풍경이었다. 자연과 인

협곡을 연결해 주는 누에보 다리

간이 만들어 낸 걸작품이다.

  부슬부슬 내리는 비는 아찔한 절벽에서도 깊은 감상에 젖을 수 있도록 내 마음을 차분하게 만들어 줬지만 동시에 다리 밑으로 내려가려는 계획을 망쳐 놓았다. 다리 아래에서 누에보 다리를 올려다보는 것은 다음으로 미뤄야 했다.

  론다에는 스페인에서 제일 오래된 투우장이 있다. 이곳은 1785년에 문을 열었다. 지금은 겨울 시즌이라 투우 경기가 없지만 입장료를 내고 투우장을 돌아볼 수는 있다. '안달루시아 남자들은 일요일 아침에는 교회에서 예배를 드리고 오후에는 투우를 관람하며 저녁에는 홍등가에 간다'는 스페인의 오래된 농담이 있다. 그들은 투우를 '사람과 소의 싸움'이 아닌 '사람과 소의 낭만적인 춤'으로 이해한다. 실제로 '투우'의 스페인어는 'Corrida de Toros'로 굳이 해석하면 '소의 달리기'라는 뜻이다. 이 단어에는 소가 싸운다는 의미가 어디에도 없다. 투우를 영어로 'Bullfight'라고 번역하면서 우리나라에서도 자연스럽게 '투우'라는 단어를 사용하게 된 것 같다. 투우장을 돌아보면서 투우에 대해 많은 생각을 했다. 소에 처지에서.

  소는 처음에 투우 경기장에 등장해서 말에 탄 삐까도르(Picador)에게 창에 찔리고 그 후 세 명의 반데리예로(Banderillero)에 의해 여섯 개의 작살이 등에 꽂히게 된다. 그러는 동안 그 육중한 몸을 지탱하던 튼튼한 다리는 어느새 힘이 다 빠지고 정신이 혼미해진다.

  반데리예로가 퇴장하고 나면 경기를 끝내는 마따도르(Matador)가 다시 등장해서 최후의 결전을 벌인다. 그리고는 소의 심장에 칼을 꽂기 전 소와 함께 마지막 퍼포먼스를 펼친다. 금실로 수를 놓은 화려한 투우복을 입은 투우사는 아레나(Arena, 투우 경기장)의 중앙에 서서 물레따(Muleta, 빨간 망토)를 흔들며 소를 유인한다. 아슬아슬하게 투우사를 스치고 지나가는 순간 사람들은 "올레!"를 외치고 투우사는 몸을 최대한 움직이지 않으면서 능숙하게 소를 다룬다. 투우 경기의 하이라이트이다. 스페인 사람들은 이 장면을 두고 마치 또레로Torero, 투우사와 소가 함께 춤을 추는 것 같다고 표현한다.

"투우는 신비로운 예술이다. 절반은 사악하고 절반은 마치 발레와 같다."
– 까밀로 호세Camilo José Cela

죽음을 앞둔 지친 소를 향해 마따도르가 말한다.
"조금만 기다려. 너의 죽음을 헛되게 하지 않을게. 가장 영광스러운 순간에 끝낼게. 나를 믿어."
여기서 소의 죽음에 대한 코드와 철학이 우리나라와 다르다는 것을 알 수 있고, 그러기에 우리가 투우광들을 이해할 수 없는 것이다.
소는 지칠 대로 지쳤고 마따도르는 그런 소 앞에 선다. 마따도르의 칼은 지면과 수평이 되고 칼의 끝은 소를 향한다. 둘은 동시에 서로를 향해 돌진한다. 투우사의 칼은 소의 목 뒷부분을 찌르고 들어가 결국 심장에 꽂힌다. 사람들은 열광하고 아레나의 주인공인 마따도르는 의기양양한 표정으로 환호에 답한다. 소가 쓰러져 있는 바닥에는 피가 흥건하고 소는 패배자처럼 말들에 의해 질질 끌려 나간다. 그렇게 한 경기가 끝난다.

| 투우 경기

여기까지만 읽으면 투우가 마치 인간과 소가 대결하는 강렬하면서도 낭만적인 것으로 비칠 수도 있겠다. 하지만 투우는 우리가 평소 즐겨 보는 스포츠 경기처럼 양 팀 간의 공평한 싸움이 아니다. 인간들이 짠 시나리오에 의해 소가 일방적으로 고통받고 혹사당하다가 처참하게 죽는, 전통이라는 명목하에 행해지는 잔인한 동물 학대이다.

다시 경기가 시작되던 시점으로 돌아가 보자. 눈이 가려진 채로 24시간 동안 구금되어 있던 네 살 된 어린 소는 지난밤 공포에 휩싸여 하루를 보내야 했다. 잠도 이룰 수 없었다. 소는 자기에게 왜 이런 일이 일어났는지 도무지 알 수가 없었다. 무서웠고 외로웠다. 하지만 주위에는 아무도 없었다.

시간이 한참 지났다. 인간들은 소를 차에 싣고 어디론가 끌고 갔다. 소는 여전히 눈이 가려져 있어 아무것도 볼 수 없었다. 어딘가에 도착해서 또 한참을 갇혀 있다가 드디어 가려졌던 세상이 열렸다. 그 순간부터 살 수 있는 시간은 길어야 30분……. 소는 그 사실을 알 턱이 없다. 열리는 길을 향해 무작정 달렸다. 소는 살고 싶었다. 극심한 스트레스를 받아 온 소는 심장이 터질 것 같았고 흥분한 숨소리는 거칠어졌다. 자신이 살기 위해서는 자기를 위협하는 적을 쓰러뜨려야 한다.

그 순간 뾰족한 창이 소의 등에 꽂혔다. 얼마나 아플까. 그래도 지체할 여유가 없다. 살아야 하니까……. 빨간 망토를 흔드는 적을 향해 또다시 돌진하는데 누군가 옆에서 나타나 등에 작살을 꽂았다. 몸을 움직일 때마다 작살이 흔들렸고 고통은 이루 말할 수 없을 정도로 심했다. 몸에서 힘이 조금씩 빠져나가는 느낌이 들었다. 그 이후로도 작살은 다섯 개나 더 꽂혔다.

잠시 숨을 돌리며 주위를 둘러본다. 적들이 너무 많다. 그리고 소는 혼자다. 외롭다. '내가 왜 여기에 와 있는 걸까?' 생각해 봐도 답을 구할 수 없다. 지쳤지만 소는 여전히 살고 싶었다. 하지만 이 경기장에서 살아나간 소는 없다. 안타깝게도 소는 그 사실을 모른다. 차라리 알았다면, 그래서 소가 빨리 단념했다면 이 정도로 가슴이 먹먹하지는 않았을 텐데…….

마따도르가 뻬네오Peneo, 보조자에게 칼을 받아 경기장 중앙으로 터벅터벅 걸어 나온다. 이제야 소도 마지막이라는 것을 아는지 있는 힘을 다해 그에게 돌진한다. 그러나 곧 힘없이 쓰러지고 만다.

2015년 8월 말라가에 있는 말라게따Malagueta 투우장에서 작은 사건이 발생했다. 마따도르에 의해 쓰러진 소를 향해 버지니아Virginia Ruiz라는 한 여성이 달려 나왔다. 그녀는 죽어 가는 소를 안고 말했다.

"소야, 미안하다……."

이 일로 버지니아는 벌금형을 받았다. 하지만 이러한 소식이 전해지면서 스페인뿐 아니라 전 세계적으로 투우 금지 여론이 거세졌다. 까딸루냐 자치 정부는 2011년에 투우를 법으로 금지했고 스페인 곳곳에서 투우 경기를 반대하는 시위가 잇따르고 있다. 투우가 수익이 동반되는 매력적인 관광 상품인 것은 맞지만 머지않아 투우 경기가 스페인에서 완전히 사라질 날을 기대해 본다.

꼬르도바에 도착한 시간은 늦은 오후였다. 애초에 무리한 일정이기는 했다. 서둘러 메스끼따로 갔다. 다행히도 영업 종료까지 한 시간 정도가 남아 있었다. 메스끼따는 스페인어로 '모스크이슬람 사원'라는 뜻인데, 보통은 꼬르도바에 있는 이 이슬람 사원을 가리켜 메스끼따라고 부른다. 정확한 명칭은 메스끼따-까떼드랄 데 꼬르도바Mezquita-catedral de Córdoba이다.

건물 안으로 들어서자 끝이 보이지 않을 정도로 거대한 기도실 내부에 수 백 개의 기둥과 아치가 시선을 사로잡는다. 건물의 하중을 분산시키기 위해 세워진 이

중 아치가 오묘한 느낌을 준다. 자그마치 2만 명이 이 기도실에서 예배를 드렸다고 한다.

711년에 이베리아를 침공한 무어인들은 780년에 메스끼따를 건설했다. 꼬르도바는 무어인들의 최대 도시로 전성기를 누렸고 그 중심에 메스끼따가 있었다. 메스끼따 내부를 관람해 보면 이슬람 왕조가 스페인에서 어느 정도로 큰 힘을 과시했는지 비로소 실감할 수 있다.

관광객들에 이끌려 걷다 보면 기도실 끝부분에 미흐라브 Mihrab 가 나온다. 이슬람의 성지인 메카를 향하고 있는 벽면 미흐라브는 이슬람 신도들의 기도하는 방향을 안내하는 역할을 한다. 그 아름다움에 매료되어 쉽게 자리를 뜨지 못할 정도로 호화롭고 정교하게 장식된 메스끼따의 미흐라브. 맨 앞에서 사진 한 장을 찍기

| 메스끼따 기도실 내부

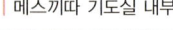

위해 한참을 기다려야 할 정도였다.

메스끼따의 또 다른 관전 포인트는 건물 중앙에 있는 대성당이다. 이슬람에게 빼앗겼던 도시를 다시 찾은 가톨릭 왕들이 제일 먼저 수행한 과업은 모스크를 부수고 그 자리에 성당을 건축하는 일이었다. 하지만 꼬르도바의 경우 모스크를 부수지 않고 내부 정중앙에 성당을 건축하여 한 건물 안에 모스크와 성당이 공존하는 세계 유일의 건축물이 되었다.

메스끼따를 나와 꼬르도바 구시가지의 골목길을 걸었다. 걸어 다니기가 힘들 정도로 사람이 많았다. 관광객이 많기도 했지만 골목길이 너무 좁은 탓도 있다. 관광객을 매료하는 것은 하얀 벽면에 장식된 예쁜 꽃과 화분이다. 하얀 집들로 가득한 마을 풍경은 안달루시아 어느 지방을 가더라도 볼 수 있지만, 꼬르도바 구시

01-02. 미흐라브 벽면 장식과 메스끼따 천장
03. 메스끼따 중앙에 건축된 대성당 제단

가지는 다른 곳과 차별화된 아기자기한 멋과 분위기가 있다. 상큼한 오렌지 향을 맡으며 걷다 보면 작은 화랑과 예쁜 기념품 가게도 보이고, 운이 좋으면 빠띠오Patio, 안뜰를 무료로 개방하는 인심 좋은 집에 들어가 볼 수도 있다.

꼬르도바 구시가지를 구경하다가 메스끼따 앞으로 흐르는 과달끼비르 강변으로 나왔다. 어느덧 하루가 끝나 가는 저녁 시간이었고 개를 데리고 산책 나온 주민과 위아래로 트레이닝 복을 입고 조깅하는 사람이 여럿 보였다.

과달끼비르 강을 가로지르는 로마교를 건너다 보니 다리 중간에 꼬르도바의 수호성인인 라파엘의 동상이 보이고 그 앞에는 자신의 CD와 동전 통을 함께 놓고 앉아 기타 연주를 하는 음악가가 있었다. 다리를 거의 건넜을 때쯤 잔잔하게 울려 퍼지던 기타 소리가 귀에서 완전히 멀어졌고 그 순간 강 건너편으로 메스끼따가 마치 한 장의 엽서처럼 눈에 들어왔다.

2천 년 전에 지어진 로마교도, 이슬람 권력의 상징이었던 저 메스끼따도 모두 역사의 한 페이지로 남았다.

| 건물에 매달린 화분들이 예쁜 꼬르도바 구시가지 풍경

CHAPTER 8. 대서양의 빛나는 까나리아 그리고 일곱 개의 섬

    까나리아 제도는 스페인의 17개 자치 지방 중의 하나이며, 일곱 개의 주요 섬으로 나뉜다. 그중에서 그란 까나리아와 떼네리페Tenerife에 인구가 밀집되어 있으며, 관광 시장도 이 두 곳에 집중되어 있다.

    내가 도착한 라스 빨마스Las Palmas는 그란 까나리아 섬의 수도이며, 정식 명칭은 라스 빨마스 데 그란 까나리아Las Palmas de Gran Canaria이다. 지리적으로는 스페인보다 모로코에 더 가깝고, 마드리드에서는 항공편으로 2시간 50분 정도가 소요된다. 홍콩에서 중국을 가리켜 '본토Main land'라는 표현을 쓰는 것처럼, 그란 까나리아의 사람들은 이베리아 반도를 가리켜 페닌술라Peninsula, 반도라고 부른다.

    마드리드에서 라스 빨마스까지 가는 항공 요금은 마드리드에서 바르셀로나 세비야, 산 세바스띠안 등 주요 관광지로 가는 기차 요금과 별반 다를 것이 없는데도 우리에게 라스 빨마스는 왠지 먼 오지처럼 느껴진다. 하지만 그란 까나리아는 연간 1천만 명 이상이 방문하는 스페인의 유명 휴양지이다. 유럽의 겨울에 해당하는 12월, 1월이 최대 성수기이지만, 사시사철 해수욕이 가능하기 때문에 365일 관광객들의 발길이 끊이지 않는다.

    까나리아 제도의 위치가 조금 더 북쪽에 있었더라면 지금과 같은 온화한 기후가 아니었을 테고, 만약 조금 더 남쪽에 있었더라면 북유럽에서의 비행 시간이 5시간을 넘어가기 때문에 까나리아 제도 총생산의 30퍼센트 이상을 차지하는 이곳의 관광업이 지금만큼 활성화되지는 못했을 것이다.

    5일간의 라스 빨마스 여행에서 유일한 불편함이 있었다면 공항에서 렌터카를 인수하기 위해 꼬박 한 시간을 기다린 일이다. 마드리드 같은 대도시뿐만 아니라

스페인의 어느 곳에서도 렌터카 사무실 앞의 이런 긴 줄을 본 적이 없다. 그만큼 이곳은 렌터카 여행이 일반적이다. 가격도 한몫한다. 스페인 전역에서 렌터카 이용료가 가장 저렴한 곳이 바로 그란 까나리아이다. 공항에서 인수, 공항에서 반납. 5일 대여비 60유로, 풀 커버 보험료 55유로였다. 물론 사전 예약은 필수이다.

렌터카를 빌리는 것을 시작으로 라스 빨마스 여행에 첫발을 디뎠다. 공항 밖으로 나오자마자 외투를 벗어 던졌다. 12월의 안달루시아는 제법 쌀쌀한 편이라 패딩 점퍼를 입고 있었는데, 라스 빨마스에 도착하니 모두가 반소매 차림이다. 여행의 반은 날씨인데, 기후가 이렇게 좋다 보니 여행자들이 몰릴 수밖에 없는 최상의 조건이다. 저렴한 항공 요금과 렌터카 요금이 각각 1루타를 기록했다면, 아직 1회임에도 불구하고 결정타를 날린 것은 라스 빨마스의 따스한 햇살이었다. 이제 막 기어를 넣고 고속 도로에 진입하는 나에게 과분하게 느껴질 정도로 햇살이 눈부셨다.

섬에 대한 자동반사적인 기대와 애착이 내가 남들보다 조금 더 지나친 걸까? 아니면 모두가 나 같을까? 이스터 섬과 산토리니 섬에서도 그랬듯이 처음에는 특정한 목적지 없이 섬의 전체적인 풍광과 여유를 만끽하기 위해 엑셀레이터를 밟고 무작정 달리고 본다. 그란 까나리아는 계획에 없던 여행지라서 사전에 여행 준비를 충분히 하지 못했다. 개인적으로 몇 군데 가보고 싶은 곳을 머릿속에 저장해 놓은 것이 전부였다.

우선 가까운 식당부터 찾았다. 해변과 가까운 곳에서 파도 소리를 들으며 늦은 점심을 즐기고 싶었다. 해변은 조용했다. 한쪽에 젊은 커플이 바위 위에 앉아 꼭 붙은 채로 바다를 보고 있었고 다른 한쪽에는 할아버지 한 분이 담배를 피우고 있었다. 초등학교 3~4학년밖에 안 돼 보이는 아이들이 서핑복을 멋들어지게 차려

| 해변 앞 레스토랑에서 메뉴판을 보고 있는 부부. 메뉴판은 스페인어, 영어, 독일어, 핀란드어 등 총 네 가지 언어로 되어 있다. 독일과 핀란드에서 많은 관광객이 방문한다는 것을 알 수 있다.

입고 바닷가로 걸어가는 모습 뒤로 해변의 낡고 하얀 집들이 눈에 들어왔다. 관광지가 아닌 그란 까나리아의 아주 오래된 작은 마을의 모습이었다.

시야에 보이는 두 개의 레스토랑 중 바다가 잘 보이는 곳으로 들어갔다. 시골 분위기와 아주 잘 어울리는 녹색 간판과 하얀 벽면에 주인이 직접 공수해서 장식한 듯한 커다란 조개껍데기가 인상적이었다. 이 레스토랑을 홀로 지키고 있는 웨이터의 이름은 후안Juan이다. 살짝 작은 키에 배가 조금 나온 40대 중반의 후안은 왠지 이 동네와 잘 어울려 보였다.

"치노Chino?"

바다가 보이는 테이블로 안내한 후안이 대뜸 내게 묻는다. 중국 사람이냐고 묻는 이 질문을 한국 사람들이 그다지 좋아하지 않는다는 사실을 세상 사람들은 언제쯤 알게 될까? 그런데도 난 이렇게 물어봐 주는 현지인이 좋다. 기본적으로 상대방에 대한 관심의 표현일뿐더러, 우리 또한 멋진 금발의 유럽인을 보면 저 친구가 노르웨이에서 왔는지 스웨덴에서 왔는지 궁금해지는 것은 당연하니까.

"방금 공항에서 내려서 여기로 바로 온 거예요. 이 섬에서 가장 유명한 곳을 좀 추천해 줄래요?"

"휴~" 하고 숨을 내쉬며 대답하기 어렵다는 몸짓을 취한다. 여행지에 대해 잘 몰라서가 아니라 그란 까나리아의 무수한 명소 중에 어느 곳부터 알려 줘야 하는지 고민이 되는 듯하다. 보통 이런 순간에 느끼는 소소한 배려와 유대감은 낯선 여행지와 한 단계 친숙해지는 계기가 된다.

"꼭 가봐야 하는 곳을 하나 꼽는다면 당연히 로께 누블로Roque Nublo죠. 그란 까나리아의 랜드마크 같은 곳이에요. 무엇보다도 산 정상으로 가는 드라이브 코스가 아주 죽이거든요."

후안이 관광지에 대해 설명하는 동안 다행히 레스토랑에는 다른 손님이 들어오지 않았다. 후안은 오랜 친구를 대하듯 다정하게 설명을 이어 갔다.

"지금 왔던 길에서 GC-1 도로를 타고 남쪽으로 계속 내려가다 보면 마스빨로마스Maspalomas가 나올 거예요. 관광객들로 북적거리는 곳이죠. 마스빨로마스를 지나 30분 정도 더 가면 쁠라야 데 모간Playa de Magán이 나오는데, GC-1 도로는 거기가 끝이에요. 바로 그 지점부터 로께 누블로로 가는 길이 시작되죠. 거기서부터는 그냥 쭉 올라가면 돼요."

후안은 저녁 장사를 위해 홀에 있는 테이블들을 정리하면서도 자신이 추천한 생선요리를 열심히 먹고 있는 나를 향해 그란 까나리아 여행 정보 2탄을 이어 갔다. 마스빨로마스에 있는 누드비치는 온통 노인들뿐이니 차라리 안 가는 게 낫다는 꽤 도움이 되는 정보라든지, 해변에서 노는 것도 좋지만 베게따Vegueta 지역에 가서 오래된 시가지의 멋진 풍경도 꼭 감상하라는 등 필요한 조언을 쉬지 않고 해주었다.

식사를 마칠 때가 되니 날이 어느새 어둑어둑해진다. 12월의 그란 까나리아는 6시 30분이면 해가 진다. 그란 까나리아의 최대 인기 장소인 마스빨로마스에 왔다. 5성급 리조트 호텔이 밀집해 있고 유명 브랜드들이 가득한 쇼핑 거리와 그란 까나리아 특유의 여유로움이 있는 곳이다.

사막처럼 보이는 방대한 규모의 마스빨로마스 모래 언덕Dunas de Maspalomas을 지나면 마스빨로마스 등대Faro de Maspalomas가 나온다. 이 등대 아래에서 석양을 바라보며 앉아 있는 한 커플의 사진을 찍었다. 그 모습이 얼마나 아름답던지. 이런 사진을 한 장 찍고 나면 온종일 기분이 좋다.

다음 날 이른 아침부터 채비를 마치고 후안이 알려 준 대로 쁠라야 데 모간으로 향했다. 숙소가 있는 그란 까나리아의 북쪽 라스 빨마스에서 쁠라야 데 모간까지 시원하게 뚫린 GC-1 도로를 통해 한 시간 만에 도착했다. GC는 Gran Canaria의 약자이다.

그리고 다시 쁠라야 데 모간에서 시작해서 그란 까나리아의 심장, 로께 누블로

| 마스빨로마스 해변

| 마스빨로마스 등대

| 마스빨로마스 모래 언덕

마스빨로마스 등대 아래에서 석양을 바라보는 한 커플

| 로께 누블로

로 향했다. 처음에는 완만했던 산길이 산과 가까워질수록 경사가 높아지기 시작했다. 아름다운 절경을 간간이 볼 수 있었지만 조금만 실수해도 천 길 낭떠러지로 떨어질 것 같은 위험천만한 길이었다. 심장이 쫄깃쫄깃해진다는 말은 이럴 때 쓰는 건가 보다.

   로께 누블레 이정표를 따라 야자나무가 빼곡한 계곡들을 지나다 보면 신비로운 느낌이 들 정도로 고요한 산속 마을들을 만나게 된다. 이곳은 아주 오래전 관체족의 주거지였다. 관체족은 기원전에 북아프리카에서 이곳으로 건너온 베르베르족의 일파로 추정된다. 그들은 가축과 온갖 곡식들을 가지고 와 이 섬에 정착했다. 강력한 제국이나 국가가 없었기에 각각의 섬들은 독자적으로 삶을 영위했고 언어도 조금씩 다르게 발전했다. 오랜 세대를 거듭하면서 관체족은 항해 기술을 완전히

| 로께 누블로에서 바라보는 국립공원 전경

잊어버렸고, 아주 원시적인 배를 이용해 이웃 섬과 왕래하곤 했다. 일 년 내내 계절의 변화가 거의 없는 온화한 기후 조건은 오히려 관체족이 오랜 세월 고립된 채 신석기적인 생활을 하는 데에 일조했다. 자연적으로 만들어진 동굴이나 산을 파서 만든 동굴에서 생활한 흔적들이 발견되었다.

하지만 역사는 잔혹했다. 15세기 초부터 이곳을 호시탐탐 노리던 유럽의 강대국들은 서서히 침략자의 본성을 드러냈다. 수천 명의 해군을 동원한 포르투갈은 관체족을 살해하고 노예로 끌고 가기도 했다. 철을 다루지 못했던 관체족은 당연히 화살도 몰랐다. 금속 제련술이 없다는 것은 유럽의 정복자들과 맞서 싸울 무기가 없다는 것을 의미한다. 결국 이 섬을 손에 넣은 것은 스페인이었다. 1479년 까나리아 제도는 스페인의 첫 국외 영토가 되었다.

스페인, 마음에 닿다

　당시의 기록에 의하면 스페인 사람들은 관체족이 키가 크고 뼈대가 굵으며 힘이 매우 세다고 묘사했다. 바다에서부터 시작된 정복자들의 공격을 피해 산속으로 들어온 관체족은 수년간 정복자들과 대치했다. 그러나 결국 용맹스러운 관체족의 전사들을 몰살시킨 건 총과 포가 아닌 정복자들이 몰고 온 병균이었다. 저항균이 없었던 관체족의 대부분이 목숨을 잃었다. 군사 공격과 전염병 확산 그리고 착취와 노예화. 관체족의 전멸은 앞으로 문명화와 선교라는 명목으로 신대륙에 행해질 끔찍한 식민화 역사의 서막일 뿐이었다.

　국립공원 정상에 이르면 아름다운 그란 까나리아 섬이 한눈에 들어온다. '구름 낀 바위'라는 뜻의 로께 누블로는 80미터의 거대한 바위 덩어리이다. 정상의 높이는 해발 1,813미터로 이 섬에서 두 번째로 높다. 로께 누블로는 화산 작용 때문에 약 5백만 년 전에 형성되었는데 관체족은 이 봉우리를 신성시했다고 한다.

| 국립공원 내에서 특산물을 판매하는 관체족의 후예

국립공원에서 내려와 베게따 역사 지구로 갔다. 16세기에 지어진 고딕 양식의 산따 아나 Santa ana 대성당을 관람하고 성당 옆길에 있는 까나리아 박물관 Museo Canario 에 들렸다. 까나리아 섬에 살았던 원주민들의 유물을 한곳에 모아 놓았다. 바로 앞에서 볼 수 있는 관체족의 미라가 특히 볼만했다.

 많은 사람이 고운 모래와 눈부신 햇살이 가득한 해변에서 휴가를 보내기 위해 까나리아를 찾지만 내가 본 까나리아는 해변 외에도 볼거리들이 풍부했다. 이번에는 그란 까나리아 섬만 돌아봤지만, 다음에는 대서양의 섬 중에서 제일 높은 떼이데 Teide 산이 있는 떼네리페를 가볼 계획이다.

01. 산따 아나 대성당
02. 박물관에 있는 관체족 아이의 미라

| 쁠라야 데 모간 바닷가 앞

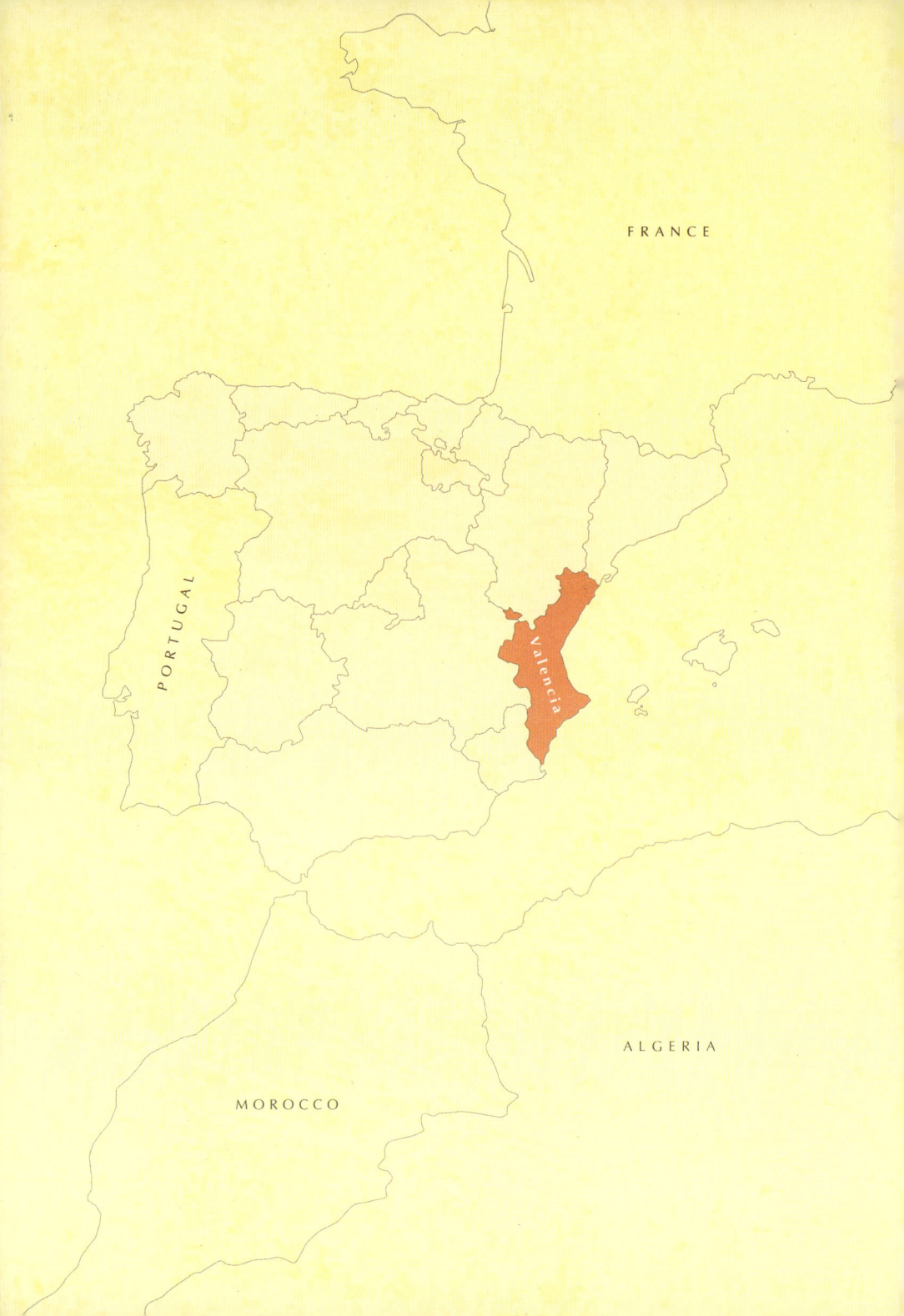

Part 3

오렌지 향이 가득한 풍요의 땅,
발렌시아

발렌시아
—
VALENCIA

발렌시아 Valencia는 풍부한 문화유산과 관광자원, 쾌적한 기후와 아름다운 해변을 가진 스페인 동부의 자치 지방이다. 오렌지와 올리브 생산지로 유명하며 쌀과 과일, 채소의 집산지이다. 이 지역의 주식은 쌀이다. 쌀과 고기, 해산물 등을 함께 볶아 만든 빠에야 Paella가 바로 발렌시아의 전통 음식이다. 현재는 스페인 전역에서 빠에야를 즐겨 먹는다.

발렌시아 지방은 발렌시아, 알리깐떼 Alicante, 까스떼욘 Castellón의 세 개 주로 나뉜다. 스페인의 행정 구분은 지방 Comunidad-주 Provincia-도시 Ciudad 순서이다. 즉, 발렌시아 도시는 발렌시아 지방의 발렌시아 주에 속한 도시이다. 좀 헷갈리더라도 한 번만 이해하면 쉽게 구분할 수 있다. 발렌시아 지방의 인구는 500만 명 정도이며, 발렌시아 주는 260만 명, 발렌시아 시는 80만 명 수준이다.

발렌시아는 역사적으로 카르타고, 로마, 서고트, 무어족 등의 지배를 받았다. 1094년 스페인의 전쟁 영웅인 엘 시드 El Cid가 정복했으나 다시 아랍 왕국에 속했다가, 1238년에 아라곤 왕국이 탈환했다. 스페인 근대 회화의 거장인 호아낀 소로야 Joaquin Sorolla가 이곳에서 태어났으며, 매년 3월에 스페인의 3대 축제 중 하나인 라스 파야스 Las Fallas 축제가 열린다.

    마드리드-발렌시아 구간과 바르셀로나-발렌시아 구간 모두 승용차로는 3시간 30분 정도가 걸린다. 고속 열차 아베를 타면 1시간 40분이 소요된다. 떼루엘Teruel과 알바라신Albarracin, 루비엘로스 데 모라Rubielos de Mora는 지리적으로는 발렌시아와 가깝지만, 행정 구역상 아라곤 지방에 속한다. 하지만 이곳을 여행하려면 발렌시아에서 접근하는 것이 좋다. 발렌시아에서 떼루엘까지 버스가 운행하기는 하지만 가장 좋은 방법은 렌터카를 이용하는 것이다. 차가 있더라도 이 세 도시를 하루 만에 보는 것은 불가능하다. 시간적 여유가 없다면 루비엘로스 데 모라를 생략하고 떼루엘과 알바라신을 당일로 다녀오면 된다.

    마요르까Mallorca, 메노르까Menorca, 이비사Ibiza 섬이 있는 발레아레스 제도Islas Baleares 로 갈 때는 항공편을 이용하거나 발렌시아나 데니아Dénia 등에서 페리를 이용할 수 있다.

하이라이트

- 발렌시아 라스 파야스 축제 즐기기
- 발렌시아 예술 과학 지구 돌아보기
- 아라곤 고대 도시 알바라신, 떼루엘, 루비엘로스 데 모라 관광
- 발레아레스 제도의 마요르까와 발데모사 관광

CHAPTER 9. 발렌시아에서 열리는 라스 파야스

    안달루시아 여행을 마치고 다음 여행지인 발렌시아로 향했다. 렌터카를 이용해 말라가에서 발렌시아까지 가는 길은 꼬박 이틀이 걸렸다. 곧장 달리면 6시간 정도 걸리지만 중간에 알리깐떼와 베니도름Benidorm에서 각각 1박을 하며 지중해의 아름다운 해변을 따라 천천히 올라갔다. 말라가에서 알리깐떼까지 이어지는 해변은 저렴하면서도 훌륭한 여가 시설을 갖춘 호텔이 많아 가족이 여행하기 좋다. 식사를 직접 해 먹을 수 있는 아파트형부터 하루 세 끼를 뷔페로 제공하는 리조트형 호텔까지 다양한 매력의 숙박 시설들이 해변 바로 앞에서 관광객들을 맞이한다.

    지중해의 눈부신 햇살을 받으며 운전하다 보면 언덕 위에 하얀 집들이 빼곡한 아랍 마을들이 보인다. 어떤 마을은 스페인어도 *발렌시아어도 아닌 아랍어 간판이 즐비해 이곳이 중동인가 하는 착각에 빠질 정도다. 아랍 마을 중 가장 가볼 만한 곳으로 안달루시아의 프리힐리아나와 발렌시아의 알떼아Altea가 손꼽힌다.

    영국인 관광객이 많은 휴양지 베니도름을 지나 20분 정도 더 올라가면 알떼아가 나온다. 파란색 돔 지붕의 누에스뜨라 세뇨라 델 꼰수엘로Nuestra Señora del Consuelo 교구 교회를 바라보며 언덕 위로 계속 올라가면 정상에 있는 전망대가 나온다. 그곳에서 아름다운 알떼아의 전경을 감상할 수 있다. 교회와 연결된 골목길에는 아랍풍의 주택들 사이로 아기자기한 상점과 레스토랑이 가득하다.

발렌시아어   발렌시아어는 발렌시아노Valenciano라고 하는데, 까딸루냐어와 거의 비슷하다. 까딸루냐어만큼 많이 사용되지는 않지만 발렌시아 지방의 작은 시골 마을에 가보면 스페인어를 못하고 발렌시아어만 할 줄 아는 어르신들도 꽤 있다.

01. 알리깐떼 구시가지
02. 베니도름 해변
03. 알떼아 골목길에서 보이는 지중해
04. 칼프 Calp 해변

| 엘 까스뗄 데 과달레스트 마을 전경. 가운데 과달레스트 탑이 보인다.

 알떼아에서 내륙으로 약 30분 정도 들어가면 깊은 산 속에 작은 중세 마을 엘 까스뗄 데 과달레스트El Castell de Guadalest가 나온다. 안또니오 마르꼬Antonio Marco 박물관을 지나 과달레스트 성에 오르면 에메랄드빛의 과달레스트 저수지Embalse de Guadalest와 주변의 환상적인 경치가 눈앞에 펼쳐진다.

발렌시아에 도착한 날은 세계적인 불꽃 축제 라스 파야스Las Fallas가 한창이었다. 축제 기간에 맞춰 발렌시아 여행을 계획한 건데 문제는 숙소였다. 축제가 벌어지는 3월 14일부터 3월 19일까지의 호텔 요금은 평소보다 서너 배 이상 올라간다. 허름한 호텔에서 지내려고 해도 200유로 이상은 지급해야 한다. 나는 차가 있는 장점을 이용해 내륙 쪽으로 발렌시아와 한 시간 거리에 있는 루비엘로스 데 모라에서 묵기로 했다.

축제는 3월 내내 이어진다. 본격적인 축제 기간은 3월 15일부터 19일까지이지만 그 전부터 발렌시아는 축제 분위기로 들뜬다. 여기저기서 폭죽이 터지고 거리에는 음악 소리가 울려 퍼지며 축제의 열기가 뜨거워진다. 이 기간에는 참가자들이 일 년 내내 준비한 거대한 조형물들을 시내 곳곳에서 볼 수 있다. 유명 인물이나 만화 캐릭터 등을 주제로 한 이 조형물을 파야Falla라고 부른다.

15일부터 18일까지는 매일 밤 화려한 불꽃놀이가 펼쳐진다. 전통 의상 퍼레이드를 비롯한 이벤트들이 이어지고 거리에서는 다양한 전통 먹거리를 맛볼 수 있다. 특히 우리나라의 찹쌀 도너츠와 비슷한 튀김 빵 부뉴엘로Buñuelo는 가장 인기 있는 먹거리 중의 하나이다. 이 기간에는 발렌시아의 모든 학교가 휴교하며, 남녀노소 할 것 없이 모두가 축제를 즐긴다.

축제 마지막 날인 3월 19일 밤에는 파야를 모두 태운다. 그러나 가장 훌륭한 작품으로 선정된 것은 축소된 모형으로 제작해 박물관에 전시한다. 파야를 태우는 것은 겨울의 부정한 기운을 불과 함께 태워 버리고 새로운 봄을 맞는 의식이다. 이 의식을 끄레마Cremà라고 하는데, 발렌시아 목수들이 겨우내 묵은 나무들과 쓸모없는 물건들을 모두 모아 태우던 전통에서 유래됐다. 목수들이 자신들의 수호성인으로 여겼던 예수님의 아버지인 요셉의 축일 3월 19일에 맞춰서 축제를 이어 온 것이다. 나는 라스 파야스의 하이라이트인 19일에만 축제를 구경하기로 계획을 짜

스페인, 마음에 닿다

  고 다른 날에는 발렌시아 근교 떼루엘과 알바라신을 관광했다.
   축제 기간엔 도로 통제가 심해 시내에서 좀 떨어진 곳에 주차하고 30분 정도 걸어서 축제 현장으로 갔다. 길에서 파는 작은 폭죽을 가지고 노는 아이들의 행복한 얼굴 뒤로 거대한 인형들이 저마다의 매력을 뽐내며 관광객의 눈길을 끌었다.
   발렌시아 시내는 축제를 즐기는 사람들로 인산인해를 이뤘다. 복잡한 인파 사이로 관광 안내소 직원이 지나가는 사람들에게 행사 일정표를 나눠 준다. 몇 시에 어떤 파야를 태우는지 정확한 시간이 나와 있다.
   우선 시청으로 향했다. 시청 앞에는 축제에서 제일 커다란 파야가 전시되어 있다. 시청 앞의 파야는 시상을 놓고 경쟁하는 다른 작품들하고는 다르다. 이번 축제를 대표하는 상징적인 의미가 있는 올해의 파야Falla municipal del año이다.

| 다양한 파야들

2014년 수상작

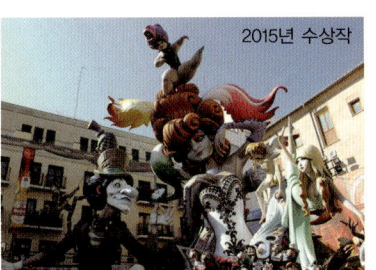
2015년 수상작

2016년 수상작

2014년 올해의 파야

2015년 올해의 파야

2016년 올해의 파야

파야는 새벽 한 시쯤 불태우는데 늦어도 10시부터는 길가에 자리를 잡고 있어야 그 장면을 직접 볼 수 있다. 다른 곳에 있다가 늦게 도착하면 멀리서도 그 광경을 볼 수 없을 정도로 시내에는 사람이 많다. 시청 앞에 자리를 잡는 것은 일찌감치 포기하고 그나마 이른 시간인 11시에 파야를 태우는 곳을 찾아갔다. 이곳도 이미 좋은 자리는 꽉 차 있었다.

　소방대원들이 주위 건물들을 향해 물을 뿌린다. 화재를 방지하기 위한 사전 조치이다. 11시가 되자 거리에 불이 모두 꺼지더니 커다란 소리와 함께 폭죽이 터진다. 사람들이 일제히 함성을 지르고 이내 파야에 불이 붙는다. 높게 치솟는 불길과 함께 지난날의 안 좋았던 기억을 모두 태우고 새로운 희망과 새로운 도전이 새롭게 피어오르는 발렌시아의 봄이 시작되었다.

| 라스 파야스 축제 현장

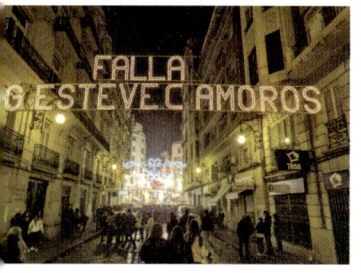

스페인, 마음에 닿다

　반나절 정도 시간을 내 발렌시아 예술 과학 단지 Ciudad de Las Artes y Las Ciencias에 갔다. 1998년에 문을 연 예술 과학 단지는 과학 박물관, 영화관, 극장, 수족관, 전시장 등이 있는 복합 문화 공간이다. 발렌시아에서 태어난 건축가 산띠아고 깔라뜨라바의 작품이다. 깔라뜨라바는 토론토의 브룩필드 플레이스, 밀워키 미술관, 더블린의 제임스 조이스 다리 등 전 세계에 수많은 작품을 남긴 세계적 건축가이다.

　예술 과학 단지에 있는 여섯 개의 주요 시설 중에 제일 먼저 문을 연 에미스페릭 L'Hemisfèric 안에는 아이맥스 영화관이 있다. 야간에 정면에서 바라보면 마치 사람의 눈처럼 보인다. 에미스페릭은 '반구형'이라는 뜻의 발렌시아어이다.

　펠리뻬 왕자 과학 박물관 Museo de Las Ciencias Príncipe Felipe은 공룡의 뼈를 형상화하여 만들었다. 예술 과학 단지 중심에 자리 잡고 있는 이 박물관은 2000년 11월에 개관했다. 보이는 것처럼 엄청난 규모에 1층부터 3층까지 볼거리들이 가득하다. 아이들이 가장 좋아하는 곳이고 예술 과학 단지에서 내가 가장 많은 시간을 보낸 곳

| 에미스페릭

| 펠리뻬 왕자 과학 박물관

이기도 하다. 과학 박물관은 세 가지가 금지되어 있다. '만지지 말 것No tocar, 느끼지 말 것No sentir, 생각하지 말 것No pensar.'

레이나 소피아 예술 궁전Palacio de las Artes Reina Sofia은 오페라 극장이다. 2005년 10월에 문을 열었고 1년 뒤인 2006년 10월 25일에 베토벤의 유일한 오페라인 「피델리오Fidelio」로 첫 공연을 선보였다고 한다.

레이나 소피아 예술 궁전을 지나 15분 정도 걸어가면 걸리버 놀이터Parque Gulliver가 나온다. 아이들과 함께 여행한다면 이곳을 추천한다. 발렌시아 어린이들과 신나게 뛰어노는 모습을 카메라에 담아 보자.

지중해의 눈부신 햇살과 아름다운 바다, 풍성한 곡식과 싱그러운 향의 오렌지, 전 세계에서 모여든 관광객들과 하나가 되어 즐기는 축제, 자연과 과학과 예술이 조화를 이루는 예술 과학 단지. 이 모든 걸 가진 발렌시아 사람들이 참 행복하게 느껴진다.

| 레이나 소피아 예술 궁전

| 걸리버 놀이터

예술 과학 단지

CHAPTER 10. 떼루엘에서 전해 내려오는 슬픈 사랑 이야기

복잡하고 비싼 발렌시아의 호텔을 대신해 얻은 루비엘로스 데 모라의 라 비야 la Villa 호텔은 약 500년 전에 지은 건물로 원래 귀족의 저택이었다. 고딕 양식의 호텔 안으로 들어가면 고풍스러운 고가구들과 오래된 피아노가 보인다. 객실은 총 열다섯 개인데 객실마다 이름이 있고 인테리어가 모두 다르다. 왼편에는 아라곤 지방의 전통 음식을 파는 레스토랑이 있는데, 그 안에 호텔의 주인이자 동업자 관계인 두 할아버지가 계셨다. 한 분은 호텔 전반을 관리하는 경영자이고 또 한 분은 미슐랭 가이드에 소개된 호텔 레스토랑의 셰프. 칠순이 넘은 나이에도 왕성하게 일하시는 두 할아버지가 이 호텔을 더 특별하게 만든다.

레스토랑에서 15유로짜리 코스요리를 다 먹고 나니 주방에서 일하시던 할아버지가 나와서 인사를 건네셨다.

"호텔에 오신 걸 환영해요. 저는 멜초르 Melchor 라고 합니다. 동방박사 중 한 명의 이름이죠."

멋진 조리복을 입은 멜초르 할아버지는 식사를 마친 나에게 호텔 이곳저곳을 안내해 주었다.

"저기 프런트에 있는 친구가 이 호텔의 주인이에요. 나는 동업자죠. 호텔을 시작한 날부터 지금까지 함께 근무하고 있답니다. 우리 호텔의 자랑은 레스토랑

| 호텔 레스토랑 쉐프인 멜초르 할아버지

과 연결된 안뜰인데 체리 향기가 가득한 한여름 저녁에는 세상에서 제일 아름다운 모습으로 변한답니다. 얼마 전에는 어떤 대가족이 방 열다섯 개를 모두 얻어서 이곳에서 며칠간 파티를 즐기기도 했어요."

호텔 구경을 마치고 할아버지가 추천하신 로마 원형 극장에 갔다. 호텔에서 도보로 2분 거리였다. 로마 시대의 유적이 있을 정도로 루비엘로스 데 모라는 역사가 오래된 도시이다. 봄이 되면 주말 저녁마다 이 야외극장에서 다양한 콘서트와 오페라 공연이 열린다고 한다.

원형 극장을 지나 대성당 쪽으로 걸음을 옮겨 살바도르 빅토리아 Salvador Victoria 미술관으로 갔다. 살바도르 빅토리아는 루비엘로스 데 모라에서 태어난 스페인의 화가이다. 1층부터 3층까지 살바도르의 그림으로 가득한 미술관을 구경하는 동안 입장객은 나뿐이었다. 관광객으로 붐볐던 발렌시아와는 완전히 다른 세상이다.

미술관 관람을 마친 후 나는 다시 호텔로 향했다. 호텔 앞 광장에는 이곳 출신의 조각가 호세 곤살보 José Gonzalvo 의 작품인 황소 동상이 있다. 인구가 고작 660명인 이 작은 마을에서 유명한 화가와 조각가가 나왔고 마을 한쪽엔 로마 유적이 있다. 게다가 친절한 두 할아버지가 운영하시는 라 비야 호텔까지. 한 시간이면 다 둘러볼 수 있을 정도로 작은 마을이지만 난 다시 이곳을 찾을 것 같다.

토요일 저녁에 가족들과 함께 로마 원형 극장에서 야외 공연을 감상하고 라 비야 호텔 야외 테이블에 앉아 다른 지방에서 여행 온 스페인 사람들과 어울려 근사한 저녁을 먹는 행복한 시간. 이런 여행이 어쩌면 내가 오래전부터 꿈꾸던 여행일지도 모르겠다.

이 지역에서 제일 유명한 관광지를 꼽으라면 당연히 알바라신이다. 루비엘로스 데 모라에서 알바라신까지는 차로 한 시간 정도 걸리는데 그 길목에 떼루엘이 있

01. 라 비야 호텔 입구와 황소 동상
02. 호텔 내부
03. 로마 원형 극장
04. 살바도르 빅토리아 미술관

다. 떼루엘에는 이루지 못한 슬픈 사랑에 관한 전설이 있다. 스페인판 로미오와 줄리엣의 이야기.

전설은 13세기로 거슬러 올라간다. 떼루엘의 부유한 상인이었던 뻬드로 세구라 Pedro Segura에게는 이사벨Isabel이라는 어여쁜 딸이 있었다. 그리고 그녀의 연인 디에고 Diego de Marcilla는 매우 가난했지만 정직하고 성실한 청년이었다. 둘의 사랑은 깊어 갔고 결혼까지 약속했지만 이사벨의 아버지는 디에고가 보잘것없는 청년이라는 이유로 결혼을 반대했다.

"내 딸과 결혼하고 싶다면 부자가 돼서 내 앞에 나타나게. 단 기다릴 수 있는 시간은 5년뿐이네."

사랑하는 이사벨과의 결혼을 꿈꾸며 디에고는 돈을 벌기 위해 마을을 떠났다. 하지만 세월이 흘러 5년이 지났을 때도 그는 돌아오지 않았다. 디에고에 대한 그 어떤 소식도 듣지 못한다. 이사벨은 그가 죽었다고 생각했다.

"내 인생에서 가장 큰 꿈이 있다면 이사벨 네가 결혼하는 모습을 보는 거란다."

계속되는 아버지의 설득에 결국 이사벨은 그 뜻을 받아들여 알바라신의 이름난 가문의 청년과 결혼식을 올리게 되었다.

그러나 디에고는 살아 있었다. 돈을 벌기 위해 국외 곳곳을 떠돌았고 군에 입대해 무어족과의 전투에 참전하기도 했다. 그가 전쟁을 통해 큰돈을 벌게 되어 마을에 돌아온 날은 바로 사랑하는 이사벨의 결혼식 날이었다. 디에고는 이사벨을 찾아가 함께 도망가자고 애원한다. 그러나 이사벨은 자기는 이미 결혼한 몸이라며 거절한다. 생사를 넘나드는 치열한 전투 현장에서도 오직 이사벨만을 그리며 이겨냈던 디에고는 고통 속에 절규한다.

"그렇다면 나에게 마지막 키스를 해주오, 이사벨."

이사벨은 잠시 고민하다가 그의 부탁을 거절한다.

"디에고, 미안해요. 난 그럴 수 없어요."

극심한 슬픔으로 괴로워하던 디에고는 심한 복통을 호소하다가 그 자리에서 쓰러져 죽음을 맞이한다.

다음 날 디에고의 장례식이 있었다. 산 뻬드로San Pedro 성당으로 향하던 장례 행렬 도중 디에고의 얼굴을 가리고 있던 덮개가 바닥으로 흘러내렸다. 그때 사람들 사이로 한 여인이 다가와 슬피 울며 디에고를 안고 그에게 키스했다. 그녀는 이사벨이었다. 키스를 한 이사벨은 디에고의 시신 위에 쓰러졌다. 갑자기 주위가 소란스러워졌다.

"어서 저 여인을 부축해서 다른 곳으로 옮겨!"

누군가의 외침이 들렸다. 하지만 사람들이 이사벨에게 다가갔을 때 이미 그녀는 죽은 뒤였다. 디에고가 죽었을 때 그의 시신을 디에고의 아버지에게 전해 준 사람은 이사벨의 남편이었다. 그는 디에고의 죽음에 관한 이야기를 이사벨에게 모두 듣고 나서 디에고가 얼마나 이사벨을 사랑했는지 깨달았다. 그리고 이 세상을 떠나는 디에고에게 마지막 키스를 하고 싶다는 이사벨의 간곡한 부탁을 들어준 것이었다. 결국 두 사람은 산 뻬드로 성당 안에 나란히 안치되었다. 현세에서는 사랑을 이루지 못했지만 그렇게 두 사람은 영원히 함께 남았다.

슬픈 사랑 이야기는 이렇게 끝이 난다. 디에고와 이사벨의 러브스토리는 사람들의 입을 통해 전해졌고 그 후 세월이 흐르면서 사람들은 이 이야기를 전설로만 여기게 되었다. 마치 할머니의 품속에서 듣는 아주 먼 옛날이야기처럼.

그러나 200년도 훨씬 지난 1553년에 시작된 산 뻬드로 성당의 보수공사 도중 관 안에 나란히 누워 있는 한 연인의 뼈가 발견되었고 이 두 사람은 디에고와 이사벨로 밝혀졌다. 떼루엘의 상징인 작은 황소상이 있는 또리꼬Torico 광장 바로 뒤편에 산 뻬드로 성당이 있고 그곳에 전설 속 인물인 줄만 알았던 디에고와 이사벨의 묘가 있다.

1층에서는 디에고와 이사벨에 관한 짧은 영상을 감상할 수 있다. 2층으로 올라가니 디에고와 이사벨의 관이 나란히 놓여 있다. 벽면에는 아만떼스 데 떼루엘 Amantes de Teruel 이라는 글자가 로맨틱한 디자인으로 새겨져 있다. 아만떼는 '연인'이라는 뜻이다. '아만떼……' 참 아름다운 단어이다.

관 위에는 백색의 설화석고로 만든 두 사람의 조각이 놓여 있다. 스페인의 조각가인 후안 데 아발로스 Juan de Ávalos 가 1950년에 만든 작품이다. 조각 밑 관에는 디에고와 이사벨의 미라가 있다. 관의 측면으로 가서 자세히 들여다보면 조각의 틈새로 미라를 볼 수 있다. 디에고는 비록 사랑을 이루지는 못했지만 수백 년이 지난 지금까지도 이사벨의 곁에 남아 그녀를 지켜 주고 있다. 안타까운 것은 맞잡은 듯 보이는 두 조각상의 손이 사실은 미세하게 떨어져 있다는 사실이다. 이사벨이 다른 남자와 결혼했다는 이유로 두 사람은 죽어서도 손을 잡지 못했다. 나란히 누운 두 사람을 바라보면서 사랑의 의미를 다시 한 번 되새겨 본다.

꽃을 꺾다가 가시에 찔리듯

사랑을 위해서라면

내 영혼의 상처는 견뎌야 하는 것

상처받기 위해 사랑하는 게 아니라

사랑하기 위해 상처받는 것이므로

– 조르주 상드의 「상처 Blessure」 중에서

| 함께 누워 있는 이사벨과 디에고 조각상

떼루엘을 지나 *알바라신에 도착했을 때 제일 먼저 든 생각은 이곳에서 숙박 일정을 넣지 않은 것에 대한 막심한 후회였다. 인터넷으로 미리 마을 풍경을 보고 '참 아름다운 마을이구나' 하는 생각은 했었는데 내 눈으로 직접 본 알바라신은 스페인에서 가장 예쁜 마을이었다.

마을 아래 있는 공용 주차장에 차를 대고 마을로 향했다. 천 명 정도가 사는 알바라신은 과달라비아르Guadalaviar 강으로 둘러싸여 있어서 마을로 올라가려면 작은 다리를 건너야 한다. 다리를 건너자 관광 안내소가 나왔다. 아주 오래된 건물이었다. 한 관광객이 20대 후반 정도로 보이는 안내소 여직원에게 무언가를 물어보고 있었고 그 뒤로 여러 명이 줄을 서서 기다리고 있었다. 벽면에 비치된 마을 지도를 한 장 들고 그냥 나오는데 안내소 직원과 눈이 마주쳤다. 앞에 있는 관광객에게 열심히 설명하면서도 나를 보며 환하게 웃었다. 아무 말도 하지 않았지만 좋은 여행을 하라는 그녀의 마음이 느껴졌다.

안내소에서 나와 길을 건너니 바로 오르막이 나왔다. 여기서부터는 차가 오를 수 없는 길이다. 정상에 오르면 마을을 한눈에 내려다볼 수 있으리라는 기대감으로 천천히 걸었다. 낡았지만 분위기가 있는 건물들. 아치형의 건물 입구에 마을의 역사를 품은 듯한 오래된 철문이 눈에 띈다. 이곳은 관광지에서 흔히 볼 수 있는 기념품 상점 하나 찾아보기 힘들다. 아직 관광객들에게 많이 알려진 곳은 아닌 것 같다. 왼편에 알바라신 호텔이 보인다. 눈에 확 띄는 외관은 아니지만 누가 봐도 알바라신에서 제일 좋은 호텔이다.

알바라신   아라곤 지방 떼루엘 주에 있는 도시이다. 1012년부터 1104년까지 알바라신 왕국이 존재하기도 했다. 이슬람 왕조의 분파에 의해 세워졌으며 3대에 걸쳐 세 명의 왕이 있었다. 후에 아라곤 왕국에 흡수되었다.

오토바이도 겨우 지나갈 정도로 좁은 골목길을 따라 계속 올라가서 알바라신의 중심인 마요르 광장에 도착했다. 밤이 되면 이 광장이 얼마나 아름답게 변할지 마음속으로 상상해 보았다. 마을 언덕길을 걷다 보니 나도 모르게 마음이 평온해졌다. 그 순간 산들바람이 불었고 나는 '행복이란 이런 것이구나' 하고 생각했다.

다시 좁은 길을 지나 만난 대성당에서는 마을 아래가 한눈에 보이고 위로는 마을 정상에 있는 성벽이 보였다. 한동안 마을을 내려다보고는 성벽을 향해 걷는데 한 이름 없는 화가가 수채화를 그리고 있었다. 그 모습 또한 한 폭의 그림 같았다. 그를 방해하고 싶지 않아 일부러 벽 쪽으로 붙어 오르막을 올랐다.

| 알바라신 마을의 아치형 건물 입구

정상에 오르자 빛을 받은 마을은 잘 영근 오렌지색을 띠며 모습을 드러냈다. 대성당에서 본 경치와는 비교할 수 없이 황홀한 장관이 펼쳐졌다. 예쁘게 보이기 위해 치장하지 않은 있는 그대로의 알바라신. 세월은 자신과 아무 상관이 없다는 듯 천 년 전의 모습을 그대로 간직하고 있다. 그래서 더 빛이 난다.

누군가 나에게 7박 8일의 스페인 신혼여행 루트를 짜달라고 한다면 〈마드리드 - 꾸엥까 - 알바라신 - 떼루엘-루비엘로스 데 모라 - 발렌시아 - 마요르까 - 바르셀로나〉의 코스를 추천하겠다.

정상에서 본 알바라신 마을

CHAPTER 11. 지중해의 보석 마요르까

　스페인 17개 자치 지방 중의 하나인 발레아레스 제도는 마요르까, 메노르까, 이비사, 포르멘떼라 Formentera, 까브레라 Cabrera 섬으로 구성되어 있다. 기후가 온난하고 자연경관이 뛰어나 세계적인 휴양지로 각광받고 있는데 그중에서도 가장 인기 있는 섬은 마요르까와 메노르까이다. 스페인어로 형제는 에르마노 Hermano이고, 형은 에르마노 마요르 Hermano mayor, 동생은 에르마노 메노르 Hermano menor라고 부른다. 즉 마요르까는 '큰 섬', 메노르까는 '작은 섬'이라는 의미가 담긴 라틴어에서 유래되었다. 단어의 의미처럼 마요르까는 발레아레스 제도에서 제일 큰 섬이고, 마요르까에 있는 빨마 데 마요르까 Palma de Mallorca는 발레아레스 제도의 주도이다.

　1838년에 쇼팽과 그의 연인 조르주 상드 George Sand는 쇼팽의 지병 치료와 휴양을 위해 마요르까를 찾았고, 바르셀로나에서 태어난 스페인의 화가 호안 미로 Joan Miró는 마요르까의 아름다움에 반해 노년을 이곳에서 보내며 수많은 작품을 남겼다. 또한 마요르까는 유럽 왕족들의 여름 휴양지로 사랑을 받았던 곳이기도 하다.

　마요르까는 우리나라에서 신혼여행지로 인기가 있으며 애국가의 작곡가 안익태 1906~1965 생가가 있는 곳으로도 많이 알려졌다. 이곳에는 안익태 거리 Carrer D'EAKTAI AHN가 있다. 그는 1946년 자신의 팬이었던 스페인 여성 롤리따 Lolita Talavera와 결혼했으며, 그 후 마요르까 교향악단의 상임 지휘자로 활동하기도 했다.

　발렌시아 공항에서 빨마 데 마요르까 공항까지는 50분 정도가 소요된다. 오전 10시쯤 빨마 데 마요르까 공항에 도착해 버스를 타고 호텔로 이동했다. 내가 예약한 호텔은 안익태 거리의 끝이자 해변과 맞닿아 있는 마리나 루스 Marina Luz 호텔이었다. 마요르까에 정말로 안익태 거리가 있는지도 궁금했고, 마요르까 주민들이 한국에서 온 안익태를 어떻게 기억하고 있는지도 알고 싶었다. 마리나 루스 호텔을 선택한 건 이 호텔이 안익태 거리에 있다는 단순한 이유였다.

"안녕하세요. 무엇을 도와드릴까요?"

호텔 프런트에 있던 30대 후반의 여성이 자리에서 일어나 반갑게 인사했다.

"네, 안녕하세요. 오늘 날짜로 예약했는데 지금도 체크인을 할 수 있나요?"

손목에 찬 시계를 보며 여직원에게 물었다. 11시가 조금 넘은 시간이었다. 스페인 호텔의 체크인 시간은 보통 오후 2시인데, 객실이 비어 있는 경우는 무료로 얼리 체크인을 해주는 편이다. 객실 열쇠를 받으며 궁금했던 것을 물었다.

"한 가지 궁금한 게 있는데요. 호텔 앞 거리 이름이 '익태 안'인데, 혹시 그가 누구인지 아시나요?"

"그럼요. 알고 말고요. 한국에서 태어난 음악가 안익태잖아요. 원래는 몰랐어요. 그런데 한국 여행자들이 찾아와서 알려 줬어요. 그래서 알게 되었죠."

안익태가 스페인에서 대중적으로 알려진 음악가는 아니라고 했다. 하지만 안익태 거리를 찾아 여행 오는 한국 사람들을 보며 그가 한국에서 꽤 유명한 음악가라는 생각을 했다고 한다.

"그런데 구글에 나와 있는 호텔 주소가 잘못된 것 같아요. 제가 버스에서 내려 구글 지도를 보며 호텔을 찾아왔는데 구글 지도에는 EAKTAI AHN이 아니고 EKITAI AHN이라고 되어 있어요."

"그럴 리가요."

그녀는 호텔 명함을 내게 보여 주면서 자신의 눈으로도 명함에 적힌 호텔 주소를 확인했다. [Carrer EKITAI AHN 40] 명함에도 주소가 잘못 표기되어 있었다.

"이 주소로 읽으면 '익태 안'이 아니라 '에끼때 안'이 돼요." 내가 말했다.

스페인, 마음에 닿다

"그럼 밖에 있는 거리 이름은 확실히 'EAKTAI AHN'이라고 적혀 있나요?" 그녀가 물었다.

나는 호텔 밖으로 나가 거리 이름을 다시 한 번 확인하고 그녀에게 친절히 알려주었다. 그제야 그녀는 주소 입력 시 호텔 측의 실수가 있었다는 것을 깨달았다.

"맞네요. 주소가 잘못됐어요. 제가 지배인에게 보고할게요. 당연히 호텔 주소를 고쳐야죠. 전에도 구글 지도에 호텔 이름을 입력하면 호텔이 안 나온다는 손님이 여럿 있었는데 이제야 그 이유를 알았네요. 알려 줘서 고맙습니다."

그런데 한 가지 문제가 더 있었다. 호텔 레스토랑의 이름도 역시 잘못 표기되어 있었다. 하지만 거기까지는 말하지 않았다. 보고를 받은 지배인이 알아서 판단할 거라 생각했다. [EKITAI 40]이라고 쓰인 레스토랑 간판을 보니 웃음이 나왔다.

객실로 들어와 커튼을 열자 환한 햇살이 방 안으로 들어왔다. 호텔 야외 수영장에는 한 노부부가 뜨거운 태양 아래서 일광욕을 즐기고 있었다. 그리고 그 앞으로 바닷가를 천천히 달리며 운동하는 동네 주민이 보였다. 그 순간 파도 소리가 귀에 생생하게 들려왔다. '아! 좋다…….' 창문을 활짝 열고 파도 소리를 들으며 침대에

| 안익태 거리 표지판

| 마리나 루스 호텔과 호텔 레스토랑 EKITAI 40

누워 긴 낮잠을 잤다.

배낭여행을 오래 하다 보면 체력이 떨어지는 순간이 있다. 여행에 대한 설렘도 새로운 것에 대한 호기심도 몸이 지치면 모두가 귀찮아지는 법. 호텔은 마요르까 섬의 중심부인 빨마 시내와 제법 떨어져 있고 주변에 특별한 관광지도 없어 조용히 쉬기에는 안성맞춤인 곳이었다. 마리나 루스 호텔은 어른 전용 호텔이어서 아이들은 출입할 수 없다.

나는 조식과 석식을 제공하는 '1일 2식' 옵션으로 예약했다. 금액은 1박당 62유로였다. 호텔에 있는 3일 동안 딱 두 가지만 하기로 했다. 컨디션 좋은 날은 호텔에서부터 빨마 시내까지 걸어서 산책하는 것과 쇼팽이 머물렀던 작은 마을 발데모사 Valldemossa에 가보는 것.

저녁 시간에 맞춰 호텔 레스토랑으로 갔다. 입구에서 객실 번호를 말하니 바로 자리를 안내해 줬다. 어른 전용 호텔답게 레스토랑의 테이블은 대부분 2인석으로 세팅되어 있었다. 저녁 식사는 이미 지급되었지만 음료는 불포함이었다. 웨이터에게 상그리아 한 잔을 주문하니 아주 커다란 잔에 사과와 딸기가 들어간 상그리아

| 호텔 레스토랑 내부

| 호텔 로비 모습

가 나왔다. 1리터는 될 정도로 정말 큰 잔이었다. 나중에 계산할 때 보니 상그리아의 가격은 2.5유로였다. 난 스페인의 이런 점이 좋다. 꼼수가 없고 바가지가 없다.

레스토랑 밖 호텔 로비에서 연주하는 피아노 소리가 은은하게 들려오고 관광객들은 서두르지 않고 천천히 음식을 즐겼다. 중급 호텔이지만 뷔페 음식은 생각보다 근사하고 맛도 괜찮았다.

얼마 전 스페인의 유력 일간지인 「엘 빠이스 El Pais」의 웹사이트에서 재미있는 동영상 하나를 봤다. 「Arrrrg!!!」이라는 제목이었는데, 우리 말로 바꾸면 '악~~!!!' 정도가 되겠다. 이 1분짜리 동영상은 스페인의 레스토랑에서 어떻게 하면 다른 사람들의 비명을 듣게 되는지 설명하고 있었다.

첫 번째로는 레스토랑에서 이를 쑤시는 행동이다. 손을 가리고 하는 것도 실례가 된다. 접시나 컵에 담뱃재를 버리는 행위는 '메가 Mega 악~~!!'이다. 빵으로 장난을 치거나 식사 중에 스마트폰을 사용하는 것도 보기 좋은 모습은 아니다. 그리고 식사 중에 포크를 들고 흔들거나 포크로 누군가를 가리키는 것도 실례다. 컵에 있던 얼음을 입에 넣었다가 다시 내뱉는 것도 금물이다.

특히 우리나라 사람들이 주의해야 할 내용도 좀 있다. 음식이 입맛에 안 맞더라도 소스를 많이 뿌리는 것은 조심해야 한다. 요리사에 대한 모욕이 될 수도 있다. 그리고 와인을 마실 때는 컵에 음식 자국이 묻지 않도록 주의해야 한다. 이런 모습을 보고서도 스페인 사람들은 '악' 하고 놀랄 수 있다고 설명한다. 동영상에서 가장 재미있었던 부분은 다른 사람의 빵을 건드리지 말라는 내용이었다.

| 「엘 빠이스」의 웹사이트에 있는 동영상 캡처

내친김에 한 가지만 더 설명하자면, 스페인 친구의 집에 초대받을 경우 와인이나 디저트를 가져가는 것이 제일 무난하다. 우리나라에서는 과일이 인기가 높지만 스페인에서는 과일이 매우 저렴하므로 선물로는 적합하지 않다. 와인은 화이트 와인보다는 레드 와인이 무난하고 단 것보다는 드라이한 와인을 고르는 게 낫다. 리오하Rioja 와인의 레쎄르바Reserva 급이나 리베라 델 두에로Ribera del Duero 와인의 끄리안싸Crianza 정도면 선물로 무난하다.

다음 날 저녁쯤 빨마 시내까지 도보 여행에 나섰다. 호텔에서 빨마 시내까지의 거리는 대략 8킬로미터로 천천히 걸으면 두 시간 정도 걸린다. 해는 지중해와 거의 맞닿아 있고 해변은 온통 불그스레한 빛으로 가득했다. 산책하는 마요르까 주민이 꽤 많았다. 그들에게는 소소한 일상이지만 나에게는 무척 낭만적인 풍경이었다. 사람들이 모여 있는 곳에 가보니 화보 촬영 중이었다. 지중해의 석양을 배경으로 아름다운 장면이 연출되었고 다정해 보이는 스페인의 모델 두 사람이 사랑스럽게 서로를 바라보고 있었다. 재미있는 구경이었다.

하늘이 점점 어두워지면서 빨마 시내는 조금씩 밝아졌다. 그 사이에서 강렬한 빛을 내는 웅장한 건축물이 눈에 띄었다. 빨마 대성당Catedral de Santa María de Palma de Mallorca이었다. 5킬로미터 이상 떨어진 거리에서 보는 대성당의 규모는 상당히 컸고 신비로운 느낌마저 들었다. 13세기에서 16세기 사이에 지어진 고딕 양식의 빨마 대성당은 마요르까의 심장과도 같은 곳이다. 1900년대 초에 있었던 성당의 복원 공사를 바르셀로나의 건축가 가우디가 맡아 중앙 제단과 일부 외부 장식들을 새롭게 제작하기도 했다.

한참을 걸어 드디어 빨마 대성당 앞에 도착했다. 시계를 보니 2시간 30분을 걸었다. 다리는 아프고 몸은 지쳤지만 빨마 대성당은 눈부시게 아름다웠다.

01. 호텔에서 빨마 시내로 이어지는 산책로
02. 멀리 보이는 빨마 대성당
03. 화보 촬영 중인 모델
04. 빨마 대성당 야경

다음 날은 소예르Sóller로 가기 위해 아침 일찍부터 서둘렀다. 빨마에서 북쪽으로 30킬로미터 정도 떨어진 소예르까지는 백 년을 넘게 달린 노면 전차Tranvia를 이용할 수 있다. 마요르까의 명물이자 최고의 관광 코스이다. 지도를 펴고 기차역을 어렵게 찾았지만 철도 보수로 당분간 운행이 중지된 상태였다. 어쩔 수 없이 일반 버스를 탔다. 종점인 소예르 항구Puerto de Sóller에서 간단히 점심을 먹은 뒤 곧바로 발데모사로 이동했다.

소예르 항구에서 발데모사까지 가는 210번 버스는 해안 도로를 따라 달린다. 마요르까에서도 이름난 드라이브 코스이다. 나는 버스 오른편 자리에 앉아 마요르까의 아름다운 해변을 맘껏 감상하며 발데모사에 도착했다.

발데모사에는 쇼팽과 그의 연인 상드가 머물렀던 까르뚜하Cartuja 수도원이 있다.

| 산따 까딸리나 예배당에서 내려다본 소예르 항구

상드는 당시 결핵을 앓던 쇼팽에게 스페인의 한 섬에 가서 요양하자고 제안했다. 1838년 가을, 쇼팽과 상드 그리고 상드가 전 남편 사이에서 얻은 두 자녀 모리스Maurice, 솔랑주Solange는 마요르까의 시골 마을 발데모사에 도착했다.

그러나 마요르까의 날씨는 생각보다 추웠고 쇼팽의 병세는 오히려 악화했다. 엎친 데 덮친 격으로 발데모사 주민들은 이 이방인들에게 집을 빌려주지 않았다. 그들의 눈에는 젊은 음악가를 꼬여 새살림을 차린 애 둘 딸린 여자가 몹시 못마땅했다. 게다가 *상드는 남장을 하고 있었다. 보수적인 스페인 사회에서 남장을 하고 남자 이름을 가진 상드를 곱게 볼 리 없었다. 쇼팽의 결핵이 전염되지는 않을까 하는 우려도 적지 않았다. 두 사람은 어쩔 수 없이 수도원으로 거처를 옮겼다. 당시 수도원은 폐허나 다름없을 정도로 관리가 안 되어 있었다.

신고식을 톡톡히 치른 두 사람에게는 또 다른 시련이 기다리고 있었다. 프랑스에서 주문한 쇼팽의 피아노가 세관에 묶이게 된 것이다. 세상 물정을 몰랐던 위대한 예술가는 한동안 피아노를 찾지 못하다가 결국 1,200프랑코Francos를 지급하고 겨우 피아노를 찾을 수 있었다. 1,200프랑코가 어느 정도의 화폐가치인지는 알 수 없지만 쇼팽의 휴가를 위협할 정도의 상당한 금액이었음은 틀림없다.

내가 까르뚜하 수도원에 들어간 건 폐장 시간 30분 전쯤이었다. 쇼팽의 방에 머물 수 있는 시간은 고작 30분이었지만 덕분에 다른 관광객은 아무도 없이 나 혼자 방 안을 구경할 수 있었다. 지금 생각해도 꽤 괜찮은 경험이었다.

쇼팽이 머물렀던 수도원의 4번 방 입구에는 나이가 오십 정도 되어 보이는 여직원이 의자에 앉아 책을 읽고 있었다. 나를 보고는 눈인사를 건넨 뒤 계속 책을 읽

상드 상드의 본명은 오로르 뒤팽Aurore Dupin이었다. 그녀는 1832년 신문 소설 『앵디아나Indiana』로 이름을 알린 뒤 조르주 상드라는 남성 필명으로 활동했다. 19세기 파리에서는 여성 차별의 불이익 때문에 여류 작가가 남성 필명을 사용하는 일이 흔했다.

었다. 방 안에는 쇼팽이 이곳에서 만든 피아노곡이 잔잔하게 울렸다. 쇼팽이 직접 그린 악보들이 보였고 벽면에는 그가 사랑했던 상드의 초상화가 걸려 있었다. 작은 방에는 조그마한 피아노 한 대가 놓여 있었다.

"이게 정말 쇼팽이 쓰던 피아노가 맞나요?"

나를 따라 작은 방으로 들어온 여직원에게 물었다.

"네, 맞아요. 프랑스에서 배달된 쇼팽의 피아노죠. 쇼팽이 떠날 때 이 피아노를 팔려고 내놨는데 사려는 사람이 아무도 없었어요. 그래서 한동안 주인을 못 만나다가 당시 은행가였던 까눗Canut이 아내를 위한 선물로 쇼팽의 피아노를 사게 되었죠. 그 후 피아노는 께글라스Quetglas 가문에 넘어갔고, 께글라스 가문의 후손들에 의해 1932년부터 이 피아노가 일반인에게 공개되었어요."

쇼팽의 피아노를 아무도 사려 하지 않았다니…… 지금으로써는 상상도 할 수 없는 일이다. 쇼팽의 피아노를 물끄러미 바라보는데 왠지 모를 감동이 밀려온다.

상드가 두 아이와 외출했던 그 시간에 밖에는 비가 내리고 있었다. 상드가 우산 없이 나갔다는 사실을 안 쇼팽은 상드와 아이들이 걱정되기 시작했다. 어제는 별일 아닌 것으로 상드에게 신경질을 부렸고 며칠 전에는 상드의 아들 모리스에게 잔소리를 퍼붓기도 했다. 쇼팽은 걱정과 미안한 마음이 뒤섞여 건반 위에 손을 올려놓았고 그렇게 「빗방울 연주곡」이 탄생했다.

쇼팽이 머물던 방 앞에는 예쁜 뜰이 있었다. 발데모사의 아름다운 경치가 한눈에 보이는 곳이다. 마을 주민들에게 외면받고 예상치 못한 추위로 고통받으면서도 매일 이 뜰에 나와 쉼을 얻고 평안을 찾았던 쇼팽의 마음이 느껴지는 듯하다.

쇼팽의 방에서 머무르는 동안 여직원과 이런저런 이야기를 나누었다. 그녀의 이름이 로사Rosa이며, 독일인이고, 12년 전에 마요르까로 이민을 왔다는 사실도 알게 되었다. 밖으로 나가는 길에 수도원을 한 바퀴 돌며 구경시켜 주겠다며 문을 닫을

스페인, 마음에 닿다

때까지 기다려 달라고 했다. 쇼팽의 방문을 열쇠로 잠그면서 그녀는 상드에 대한 이야기를 시작했다.

"당시 발데모사 주민들은 상드를 좋지 않은 시선으로 바라봤지만 난 상드에게 특별한 연민을 느끼고 있어요. 사실 건강이 좋지 않은 쇼팽을 버리고 떠날 수도 있었죠. 당시 열여섯 살이었던 아들 모리스와 쇼팽의 관계도 좋지 않았고요. 상드는 마요르까에 오면 모든 게 나아질 거라고 생각했던 것 같아요. 쇼팽의 건강도, 모리스와 쇼팽의 관계도."

수도원을 천천히 걸으며 로사는 옛날이야기를 들려주듯 말을 이었다.

"그녀가 뮈세Alfred de Musset를 만났을 때도 그리고 쇼팽하고 동거한 10년 동안도 상드는 사랑에 충실했어요. 세상에서 가장 중요한 건 사랑이라고 말했죠. 난 그녀가 그런 말을 할 자격이 있다고 생각해요."

쇼팽이 마요르까에서 겪은 고통을 예술로 승화시킬 수 있었던 원천은 상드의 극진한 헌신과 사랑이었다. 로사의 이야기를 들으며 쇼팽과 상드에 대해 몰랐던 사실도 많이 알게 되었고 나조차도 상드에 대해 가졌던 파탈의 이미지를 깰 수 있었다. 나는 로사에게 몇 번이나 고맙다고 인사를 한 후 까르뚜하 수도원을 나왔다.

01. 쇼팽의 피아노
02. 박물관 직원 로사
03. 조르주 상드의 초상화
04. 쇼팽의 방 앞뜰

Part 4

문화와 예술에 취하다,
까딸루냐

까딸루냐
CATALUÑA

스페인 북동부에 있는 까딸루냐 지방은 바르셀로나Barcelona, 지로나Gerona, 타라고나Tarragona, 레리다Lérida 등 네 개의 주로 나뉜다. 북쪽으로는 프랑스와 맞닿아 있으며, 동쪽과 남쪽은 지중해를 바라보고 있다. 독자적 언어까딸란, Catalán를 사용하며, 빠이스 바스꼬País Vasco처럼 스페인으로부터의 독립 의지가 강한 지역이다. 일찍이 지중해를 통해 유럽 여러 국가와 교역하며 번성했고 지금은 스페인에서 가장 부유한 지방으로 꼽힌다.

안또니 가우디Antoni Gaudí와 살바도르 달리Salvador Dalí, 호안 미로 등의 예술가를 배출했으며, 스파클링 와인 프레시넷Freixenet, 레스토랑 엘 불리El Bulli, 축구팀 바르셀로나로 유명하다. '가우디의 도시' 바르셀로나는 사그라다 파밀리아Sagrada Familia, 성가족 성당과 구엘Güell 공원 등 가우디의 건축물을 둘러보는 코스 이외에도, 스페인에서 가장 아름답다는 람블라스Ramblas 거리, 신선한 농수산물을 판매하는 보께리아Boqueria 시장, 바르셀로나 시내가 한눈에 보이는 몬주익Montjuic 언덕도 관광객들에게 사랑받는 명소이다. 매년 9월에 열리는 인간 탑 쌓기, 2월에 열리는 산따 에우랄리아 빛의 축제, 라 메르쎄 축제, 칼솟따다 축제, 거인 인형 행렬 등 일 년 내내 이벤트와 행사가 벌어지는 축제의 도시이기도 하다. 바르셀로나 근교 관광지로는 몬세라트Montserrat와 지로나, 피게레스Figueres가 있다.

　우리나라에서 바르셀로나까지는 직항편이 없어, 마드리드나 파리, 로마 등을 경유해야 한다. 바르셀로나의 저가 항공사 부엘링Vueling Airlines 등 마드리드-바르셀로나 구간에는 여러 항공사의 운항 편수가 많아서 비교적 저렴하게 이용할 수 있다. 마드리드에서 바르셀로나까지는 고속 열차 아베로 3시간 10분, 자동차로 6시간 정도 걸린다. 발렌시아에서 바르셀로나로 직접 운전해서 이동한다면 고속도로 통행료에 유의하자. 주행 시간은 3시간 30분이지만 통행료를 40유로 이상 내야 하는 악명 높은 곳이다. 시간 여유가 있다면 약간 우회해서 가는 편이 좋다. 모레야Morella, 깔라쎄이떼Calaceite 등 예쁜 시골 마을을 경유하며 천천히 가는 것도 좋은 방법이다. 삐레네 산맥을 여행하려면 렌터카 대여가 필수다. 4~5일 정도를 투자하면 삐레네의 작은 마을들을 관광하며 스페인 북부 지방인 빠이스 바스꼬Pais Vasco에 도착할 수 있다.

하이라이트

- 바르셀로나 가우디 건축물 탐방
- 가톨릭 성지 몬세라트 산에 오르기
- 삐레네 산맥에 숨은 아라곤의 예쁜 마을 찾기
- 헤밍웨이가 『태양은 다시 떠오른다』를 집필했던 이루냐 카페 방문

CHAPTER 12. 가우디의 영혼과 만나는 바르셀로나 여행

1926년 6월 7일 늦은 오후, 한 노인이 전차에 치여 쓰러졌다. 신음하는 노인의 옷은 해질 대로 해졌고 얼굴은 초췌했다. 게다가 주머니 속에는 신분증도 없었다. 사람들은 노인을 거리의 부랑자쯤으로 여겼다. 사고를 낸 전차 운전사도 노인의 행색을 보고 그를 방치했다. 몇몇 사람이 노인을 병원에 데려가려고 택시를 잡았지만 승차 거부가 이어졌다. 그렇게 노인은 사고 즉시 응급조치를 받지 못했고, 지나가던 경찰이 택시를 잡아 병원으로 후송했으나 너무 늦었다. 3일 뒤인 6월 10일에 노인은 영원히 눈을 감았다.

이 노인은 위대한 건축가라는 찬사로도 턱없이 부족한 안또니 가우디이다. 가우디는 죽기 전까지 한 성당에 자신의 모든 것을 바쳤다. 자신이 살아 있는 동안 성당이 완공되지 못할 것을 알고 있었지만 서두르지 않았다. 그가 타협할 줄 아는 사람이었다면, 아주 조금이라도 세상적인 사람이었다면 그는 그 어느 예술가보다도 많은 것을 누렸을 것이다. 세상이 주는 부와 명예보다 그가 더 간절히 원했던 것은 신을 향한 숭고한 신앙이었다.

가우디는 1852년 바르셀로나 근교의 작은 도시 레우스^{Reus}에서 태어나 넉넉지 못한 가정 형편에서 자란 평범한 아이였다. 가우디의 아버지와 할아버지는 대장장이였다. 이 때문에 가우디는 어릴 때 아버지의 작업장에서 2차원을 3차원으로 공간화시키는 법을 자연스럽게 익혔다. 하루의 작업을 마치면 가우디의 아버지는 무릎이 안 좋았던 가우디를 등에 업고 집으로 가곤 했다. 그렇게 아버지 등에 업혀 바라보던 산과 바다, 농가와 오래된 성당 그리고 지중해의 강렬한 햇빛 등은 훗날 그의 건축물에 자연스럽게 녹아나게 된다.

그는 "직선은 인간의 선이고 곡선은 신의 선이다"라는 말을 남겼다. 건축도 자연의 일부여야 한다는 강한 신념에서 나온 말이다.

가우디는 레우스에서 중학교를 졸업하고 형을 따라 바르셀로나로 가 고등학교를 졸업한 뒤 바르셀로나 건축학교에 입학한다. 그가 건축학교를 졸업하고 개인 사무실을 연 1878년, 성공한 사업가이자 자신의 평생 친구가 될 에우세비 구엘Eusebi Güell을 처음 만난다. 가우디가 스물여섯 살, 구엘이 서른두 살 때다. 구엘은 천재를 알아봤고 가우디의 든든한 후원자를 자처했다. 가우디의 자질과 가능성뿐 아니라 그의 겸손함과 신앙심에도 매력을 느낀 구엘은 지인들에게 "나는 가우디의 작품 세계를 다 이해하지는 못하지만 건축가 가우디를 존경한다"라고 말하곤 했다.

1876년 바르셀로나에서 함께 생활하던 형 프란시스꼬Francisco Gaudí가 사망하자 가우디는 큰 충격을 받는다. 형의 나이는 고작 스물다섯이었다. 그리고 몇 개월 뒤 가우디가 누구보다도 사랑했던 어머니마저 세상을 떠났다. 3년 뒤인 1879년에는 누나 로사Rosa Gaudí Cornet도 세 살짜리 어린 딸을 두고 사망한다.

가우디는 가족을 잃은 슬픔을 잊기 위해 오로지 일에만 몰두했다. 구엘 별장Finca Güell, 1884~1887과 구엘 궁전Palau Güell, 1886~1890을 지었고, 지금은 공원이지만 당시에는 상류층의 주거 단지로 설계한 구엘 공원1900~1914을 만들었다. 가우디는 평생 독신으로 살았는데 아마도 또다시 가족을 잃을 수 있다는 두려움 때문이 아니었을까. 가우디의 아버지는 레우스에 있는 사업장을 모두 정리하고 바르셀로나로 와서 가우디와 함께 살기 시작했고, 나중에는 누나의 딸이자 조카인 로사Rosa Egea Gaudí도 가우디의 집으로 들어왔다. 로사도 삼촌인 가우디처럼 건축가로 성장했고 가우디는 그녀를 무척이나 아꼈다.

1912년 초 유난히도 추웠던 겨울, 아마 이때부터 시작된 것 같다. 가우디가 사랑했던 사람들이 다시 그의 곁에서 떠나간 것이. 1912년 1월 11일에 조카 로사가 결핵으로 죽고, 1914년에는 그와 함께 일했던 건축가 프란세스크Francesc Berenguer가 사망한다. 가우디는 프란세스크의 장례식에서 미망인에게, "당신은 남편을 잃었고, 나는 가장 훌륭한 조력자를 잃었습니다"라며 애도했다.

그해 가우디는 꼴로니아 구엘Colònia Güell 성당과 마요르까 대성당 보수, 구엘 공원 공사 등 모든 과업을 다 중지하고 오로지 사그라다 파밀리아 성당 건축에만 매달리게 된다. 그리고 1918년, 가우디의 영원한 동반자 구엘이 72세를 일기로 사망하자 그는 아예 거처를 성당으로 옮겨 버렸다.

"나의 가장 친한 친구들이 죽었다. 나는 가족도 없고 고객도 없고 재산도 그 어떤 것도 없다. 그래서 난 온전히 이 성당에 전념할 수 있다." _안또니 가우디

그가 사그라다 파밀리아 성당의 주임 건축가 자리를 맡은 건 1883년부터이다. 가우디는 세상을 떠나는 1926년까지 무려 43년의 시간을 성당 건축에 바쳤다.

바르셀로나의 네모 반듯한 건물들 사이로 한참을 걸어 10년 만에 이곳을 다시 찾았다. 성당은 10년 전처럼 여전히 건설 중에 있고 여전히 방문객으로 가득하다. 그리고 여전히 내 심장을 떨리게 한다. 입장권을 구입하기 위해 한 시간 동안 줄을 서면서 성자와 같은 삶을 살았던 가우디를 생각했다. 예술가의 작품을 좋아하기는 쉽지만 예술가 자체를 존경하기는 쉽지 않은 것 같다. 가우디는 나에게 많은 감동을 주었고 내가 인생을 어떻게 살아야 하는지 많은 생각을 하게 한다.

성당에는 총 세 개의 파사드Façade, 건물의 출입구가 있는 전면의 외벽. 스페인어로는 파차다Fachada

라고 한다가 있다. 동쪽에 있는 '탄생의 파사드Fachada del Nacimiento'에는 예수님의 탄생과 유년기를 묘사한 조각들이 있다. 세 개의 파사드 중 가우디 생전에 완성된 것은 탄생의 파사드뿐이다. 서쪽에는 '수난의 파사드Fachada de la Pasión'가 있다. 십자가를 지신 예수님의 조각과 함께 예수님의 고난을 묘사해 놓았다. 수난의 파사드는 1954년에 착공해서 1976년에 완성되었다. 마지막으로 남쪽 '영광의 파사드Fachada de la Gloria'는 부활하신 영광의 예수님을 표현하는데, 이 파사드는 현재 공사 중이다. 파사드에는 옥수수 모양의 첨탑이 각각 네 개씩 세워지는데, 영광의 파사드에 세워질 첨탑을 합치면 모두 열두 개가 되고 이는 예수님의 열두 사도를 상징한다.

가우디는 성당이 누구든지 들어와 쉼을 얻고 돌아가는 숲과 같은 공간으로 사용되도록 입구를 세 개로 만들었다. 성당 내부 기둥은 숲 속의 나무를 연상케 한다. 스테인드글라스를 통해 들어오는 따스한 햇볕은 마치 이 성당에 들어온 우리 모두와 성당 지하 묘지에 잠들어 있는 가우디를 축복하는 듯하다. 어린 가우디가 아버지의 등에 기대어 바라본 세상은 바로 이런 느낌이 아니었을까.

늦은 저녁에 다시 성당을 찾았다. 동쪽 '탄생의 파사드' 앞 작은 공원에는 연못이 있다. 연못에 비치는 사그라다 파밀리아 성당의 야경은 세상의 그 어떤 야경보다도 커다란 감동을 선사한다. 벤치에 앉아 성당을 바라보는 동안 많은 관광객이 내 곁을 스쳐 갔다. 가족끼리 친구들끼리 혹은 혼자서, 그들은 기뻐서 환호성을 지르기도 했고 숨죽인 채 깊은 감상에 젖기도 했다. 가우디가 우리 후손들에게 준 선물이다.

기존의 틀을 모두 깨버린 가우디의 작품들이 항상 모든 사람을 만족하게 했던 것은 아니다. 사그라다 파밀리아 성당도 예외는 아니었다. 소설 『동물농장』의 작가로 유명한 조지 오웰George Orwell은 이 성당을 가리켜 "세상에서 가장 흉측한 건물 중의 하나"라고 평했다. 그는 스페인 내전 때 폭격으로 손상을 입은 다른 성당들처럼

사그라다 파밀리아 성당 내부

가우디의 사그라다 파밀리아 성당도 함께 파괴되었어야 했다는 모욕적인 말도 서슴지 않았다. 오웰은 가우디가 부자들을 위해 집을 짓는 장사꾼이라고 오해했던 것 같다. 그러지 않고서야 이토록 극단적인 발언을 할 이유가 있었을까?

오웰은 1936년부터 1939년 사이에 벌어진 스페인 내전 당시 군부 쿠데타에 반대하며 인민전선 파를 지원했던 당대의 여러 지식인 중의 한 명이었다. 그는 이 참혹한 이념 전쟁에 맞서 직접 총을 들고 의용군으로 자원입대했다. 그리고 바르셀로나의 근교 레리다^{Lérida}에서 저격수에 의해 목에 총상을 입게 된다. 바닥으로 쓰러진 오웰의 입에서는 피가 쏟아져 나왔다. 모두 오웰이 전사할 것이라고 생각했다. 그러나 다행히도 총알은 경추 동맥을 살짝 빗나갔고 오웰은 구사일생으로 살아났다. 조지 오웰이 살아난 것도 사그라다 파밀리아 성당이 폭격을 피해 간 것도 모두 기적이 아닐 수 없다.

오웰의 말처럼 다른 성당들은 파괴되거나 손상을 입었는데 사그라다 파밀리아 성당은 그 어떠한 손상도 입지 않았다. 평생 이 성당을 위해 헌신한 가우디의 신앙에 하늘도 감동한 것일까. 가우디에게 이 세상의 후원자는 구엘이었지만 그의 영원한 후원자는 하나님이었다.

사그라다 파밀리아 성당은 지금도 조금씩 완성되어 가고 있다. 성당의 예상 완공일은 2026년에서 2028년 사이이다. 스페인 정부는 가우디 서거 100주년이 되는 2026년에 완공을 맞출 수 있도록 노력하겠다는 뜻을 밝혔다.

10년 뒤, 완성된 성당을 볼 수 있다는 기대감에 가슴이 뛴다. 그때 다시 바르셀로나에 오게 된다면 가우디의 고향 레우스에 한번 가볼 계획이다. 아무것도 볼 게 없다 하더라도 그냥 무작정 그곳으로 가서 어린 가우디가 보았던 그 자연을 벗 삼아 한가로운 오후를 보내고 싶다. 고독한 천재 건축가 가우디를 그리며…….

| 사그라다 파밀리아 성당의 야경과 물그림자

CHAPTER 13. 까딸루냐의 가톨릭 성지 몬세라트

바르셀로나 여행을 마치고 주변 도시를 관광하려고 렌터카 예약을 한 후 차를 받으러 렌터카 사무실로 갔다.

"안녕하세요. 제 이름은 까를로스입니다. 영어? 스페인어? 뭐가 편하세요?"

키가 아주 큰 30대 중반의 남자 직원이 물었다.

"스페인어 할 줄 알아요."

"아, 정말? 스페인어는 어디서 배웠어요?"

까를로스는 궁금한 게 많아 보였다.

"스페인에 오기 전에 칠레에서 일했었죠. 그때 조금 배웠어요."

"오호! 재밌네요."

"그럼 당신은요? 영어와 스페인어, 까딸루냐어를 모두 하나요?"

이번엔 내가 물었다.

"에이, 당신은 무슨! 그냥 '너'라고 하세요. 친구끼리."

스페인어로 '당신'은 우스떼드Usted, '너'는 뚜Tú라고 한다. 스페인어에는 우리나라처럼 존댓말이 존재하고 반말과는 확실히 구별된다. 나이가 비슷한 경우에는 초면부터 반말을 써도 괜찮지만 자신보다 나이가 많아 보이는 상대에게는 존댓말을 사용해야 한다. 그러나 나이가 많은 경우에도 서로 간에 친밀감이 생기면 반말을 쓰는데, 계속해서 존댓말을 쓰면 오히려 자신을 가까운 친구로 여기지 않는다고 생각할 수도 있다.

"나는 까딸루냐어는 못해. 여기 사람이 아니거든."

"그럼 여기서 근무하는 데 아무 지장 없는 거야?" 내가 물었다.

"응. 까딸루냐 사람들이 스페인어와 까딸루냐어를 모두 할 줄 알기 때문에 까딸루냐어를 몰라도 사는 데에는 아무런 어려움이 없어."

카운터 뒤에서 컴퓨터 화면을 보며 일하던 여직원이 고개를 끄덕인다. 그녀도 타지 출신인 것 같았다.

"내가 전부터 궁금한 점이 있었는데 말이야, 까딸루냐 지방이 독립을 원하는 건 잘 알고 있는데, 그게 스페인에 있는 까딸루냐 지방만 독립하겠다는 거야? 아니면 프랑스 국경 지대의 일부 지역까지도 프랑스로부터 독립하려는 거야?"

까를로스가 *까딸란Catalán이었다면 당연히 이 민감한 주제를 꺼내지 않았겠지만 그가 타지 출신이라는 말에 평소에 궁금했던 것을 물었다.

"흠…… 까딸루냐 독립은 정말 복잡한 문제야. 까딸루냐 내에서도, 까딸루냐 지도자들끼리도 의견이 분분하거든. 어떤 사람들은 까딸루냐 주만 독립하면 된다고 하고, 또 어떤 사람들은 까딸루냐 주와 함께 아라곤 지방의 어디 어디, 발렌시아 지방의 어디 어디, 프랑스 국경 지대의 어디 어디를 모두 묶어서 독립해야 한다고 해. 심지어 마요르까를 포함한 발레아레스 제도까지도 까딸루냐 영역이라고 주장하기도 하거든. 그러니까 결국 독립은 불가능하다는 거지. 쉬운 문제가 아니야."

듣고 보니 맞는 말이다. 예전에 신문에서 스페인 관광청이 발표한 자료를 본 적이 있는데, 스페인의 17개 지방 중에서 여행객들이 가장 많이 방문하는 지방은 바로 까딸루냐였다. 한해 방문객이 무려 1천8백만 명이다. 발레아레스 제도가 2위고, 발렌시아 지방은 5위였다. 알짜배기만 묶어서 독립하겠다는 것은 스페인 정부 입장에서 보면 어림없는 발상이다.

까딸란	까딸루냐 지역 사람을 가리켜 까딸란이라고 한다. 마드리드 사람은 마드릴레뇨Madrileño, 말라가 사람은 말라구에뇨Malagueño, 갈리시아 사람은 가예고Gallego라고 부른다.

우리가 언론을 통해 바스꼬의 분리주의 무장단체 ETA에 관한 기사를 보면 금방이라도 테러가 발생할 것 같고, 바스꼬 지방의 치안이 안 좋은 것처럼 인식하게 되지만 실제와는 많이 다르다. 한때 ETA가 스페인 내에서 심각한 골칫거리이긴 했지만 지금은 사실상 해체 수순을 밟고 있다. 신문은 언제나 그렇듯이 기삿거리가 필요하고 기사는 '자극'이라는 맵고 달콤한 소스를 입히기 마련이다. 그리고 거기에는 정치적인 배경과 경제적 논리가 깔려 있다. 빠이스 바스꼬 지방은 독립을 주장할 때마다 스페인 중앙정부로부터 '자치권 확대'라는 선물 보따리를 받았고, 까딸루냐의 독립 시위가 거셌던 2015년에는 국왕 펠리뻬 6세가 연봉의 20퍼센트를 자진 삭감하기도 했다.

현재 스페인이 최악의 경제 위기를 맞고 있는 것은 사실이지만 스페인은 여전히 세계 10위 수준의 경제 대국이며, 유럽 연합 내에서도 독일, 영국, 프랑스에 이어 네 번째로 경제 규모가 크다. 스페인이 침몰한다는 건 그리스와 포르투갈하고는 차원이 다른 이야기이다. 이는 까딸루냐와 바스꼬의 독립 지지자들도 아주 잘 아는 사실이다. 자신들의 왕도 아닌데 자신들의 세금으로 왕실이 운영되는 것이 못마땅하지만, 지금은 기꺼이 바스꼬도 아니고 까딸루냐도 아닌 오직 에스빠냐를 위해 힘을 합쳐야 한다는 것을 안다. 이들은 '독립'이라는 아주 섬세한 무기를 가지고 자신들의 영역을 지키고 또 키워 나가는 것이다. 까딸루냐도 바스꼬도 독립을 원하는 사람은 상당히 많다. 하지만 현실적으로 독립이 가능하리라고 믿는 사람은 많지 않다고 보면 된다.

어쩌다 보니 차량 인수 서류에 사인까지 다 마친 후에도 까를로스와 한동안 이야기를 나누게 되었다.

"난 말이야, 스페인의 가장 큰 장점은 '문화의 다양성'이라고 생각해. 이제 차를 가지고 어디든 한 시간 이상만 가면 또 다른 문화를 접하게 될 거야. 그런 다양한 문화 속에서 다양한 사람을 만나고 다채로운 음식과 이색적인 풍경을 보는 것. 그게 스페인 여행이야."

까를로스는 자랑스러워하며 말했다. 맞는 말이다. 나는 큰 폭으로 고개를 끄덕였다. 10년 전에 프랑스 일주를 한 적이 있는데, 어딜 가나 참 프랑스답다는 생각을 했었다. 그런데 스페인은 '여기도 스페인인가?', '여기가 스페인이 맞나?' 할 정도로 각각의 다양한 풍광과 문화가 존재했다.

스페인을 방문한 사람들로부터 "스페인 음식은 마늘을 많이 써서 그런지 한국인들 입맛에 잘 맞는 것 같아요"라는 소리를 자주 듣는다. 스페인이 다른 유럽 국가들보다 한국 사람들에게 편한 것은 사실이다. 내전과 독재 시절이 있었다는 근대사를 제외하더라도 스페인과 한국은 닮은 구석이 꽤 많다.

우리에게 알려진 스페인은 '열정'과 '자유'의 이미지가 강하지만 실제로 스페인은 유럽에서 가장 보수적인 나라 중의 하나이다. 인사할 때 볼에 키스하는 베소Beso나 길거리에서 연인들끼리 스킨십을 하는 장면을 보는 것도 유럽의 다른 도시들에 비해 드문 편이다.

친구가 새로 산 옷을 보며 "옷 이쁘다"라고 알아봐 주면, "이거 싼 거야" 하며 자랑하지 않는다. 소개팅을 다녀온 친구에게 "소개팅 어땠어?" 하고 물으면, "응, 착해 보여"라고 말하는 것이 외모가 별로라는 의미인 것도 어쩜 그렇게 우리와 비슷한지 모르겠다. "이거 내 친구 이야기인데 말이야……" 하며 고민거리를 이야기할 때 "에레스 뚜Eres Tu, 그거 네 얘기지?"라고 묻는 상황도 가끔 목격한다. 어딘가 모르게 쿨하지 못하고 순박하며 꾸밈없는 모습이 우리 문화와 많이 비슷해 보인다.

꾸밈없는 스페인의 문화는 언어와 음식에서도 드러난다. 스페인어는 영어처럼 발음기호라는 게 없다. 몇 가지 규칙만 유의해서 있는 그대로 읽으면 된다. 같은 라틴어 계통인 프랑스어만 봐도 지나친 기교와 어려운 발음이 많다. 음식은 더 그렇다. 재료가 신선하고 맛의 조화가 만족스럽다면 플레이팅, 즉 음식을 접시에 어떻게 담아내느냐는 둘째 문제이다. 음식을 더 맛있어 보이게 하려고 지나친 장식을 하지 않으며, 레시피에 있는 대로 완벽한 맛을 내고자 억지로 먼 곳에서 필요한 식재료를 조달하지 않는다. 그 지역에서 갓 공수한 신선한 재료로 만든 향취 가득한 제철 음식을 더 선호한다. 스페인에서 왠지 모를 편안함을 느꼈다면 이러한 문화 때문일 것이다.

자동차 키를 받으며 또 만나자는 기약 없는 인사를 나누고 까를로스와 헤어졌다. 그리고는 기분 좋게 몬세라트로 출발했다. 바르셀로나 근교 도시 중 꼭 가봐야 하는 곳을 고르라면 단연 몬세라트이다. 바르셀로나 시내에서 차로 한 시간 정도 걸린다. 꼭 차를 빌리지 않더라도 바르셀로나에서 몬세라트까지는 기차나 버스 등의 대중교통으로도 쉽게 갈 수 있다. 통합 승차권을 사면 몬세라트 역까지 가는 기차표와 몬세라트 역에서 산 중턱에 있는 수도원까지 운행하는 등산 열차나 케이블카 둘 중의 하나를 선택해서 이용할 수 있다. 통합 승차권에는 바르셀로나 지하철 이용권까지 포함되어 있다.

나는 살바도르 달리의 생가가 있는 까다께스Cadaqués에 호텔을 예약해 놓은 상태여서 어쩔 수 없이 신속하게 움직일 수 있는 렌터카를 이용했다. 바르셀로나에서 차로 한 시간쯤 달리자 드디어 저 멀리 몬세라트 산이 보인다. 산의 길이만 해도 6킬로미터인 거대한 바위산에 6만 개의 봉우리가 하늘과 맞닿아 있는 웅장한 절경이 한눈에 들어왔다. 앞서 가던 차들도 나와 같은 마음이었는지 다들 갑자기 주행 속도를 줄였다. 덕분에 조수석에 있던 카메라를 꺼내 몬세라트를 처음 본 순간을 사진에 담을 수 있었다.

| 차 안에서 찍은 몬세라트 전경. 산 중턱을 자세히 보면 중앙에 작은 건물들이 보인다. 몬세라트 수도원과 대성당이다. 저곳까지는 꼬불꼬불한 도로를 지나거나 산 밑에 있는 몬세라트 역에서 등산 열차나 케이블카를 이용해 오를 수 있다.

 몬세라트는 까딸루냐어로 '톱니 모양의 산'이라는 뜻이다. 가우디가 사그라다 파밀리아 성당을 설계할 당시 몬세라트에서 영감을 얻었다고 한다. "신이 만든 위대한 건축물은 바로 자연이다"라고 한 가우디의 말이 떠오른다.
 한참을 꼬불꼬불한 비탈길을 달려 수도원에 도착했다. 기괴한 모양의 봉우리들이 치솟은 바위산 바로 중턱에 수도원이 있다. 멀리서 본 것보다 훨씬 더 크고 웅장하다. 몬세라트는 뛰어난 경관으로도 유명하지만 사람들이 이곳을 찾는 가장 큰 이유는 까딸루냐의 수호성인인 마리아의 조각상을 보기 위해서다. 현지에서는 이 검은 마리아상을 라 모레네따 La Moreneta 라고 부른다.
 전설에 의하면 880년 어느 토요일 오후 몬세라트 산에서 어린 목동들이 하늘에서 빛이 내려오는 것을 목격했다. 그때 빛과 함께 아름다운 멜로디가 울려 퍼졌다고 한다. 그리고 그다음 주 토요일에도 같은 현상이 나타났는데 그렇게 4주간 신비한 체험을 한 목동들이 산속의 한 동굴에서 마리아상을 발견했다.

만레사Manresa 시의 주교가 이곳을 방문해 마리아상을 만레사로 옮겨 가려고 했으나 보기와 다르게 마리아상이 너무 무거워서 이동할 수 없었다. 주교는 이를 기이한 일이라 여겼고 마리아상이 몬세라트에 머물기를 원한다고 생각했다. 주교는 운반을 포기하고 그곳에 산따 마리아 예배당Ermita de Santa Maria을 세웠다. 이 작은 예배당을 시작으로 규모가 점점 커지면서 지금의 몬세라트 수도원이 형성되었다.

16세기에 지어진 수도원의 대성당Basilica de Montserrat은 프랑스와의 독립 전쟁 때 파괴되었다가 19세기에 복원됐다. 대성당에 있는 검은 마리아상 라 모레네따는 아스뚜리아스 지방 꼬바동가Covadonga에 있는 마리아상과 함께 스페인의 아홉 개 수호성인의 조각상 중 하나이다. 그렇다면 그중에서도 라 모레네따가 있는 몬세라트가 특별히 스페인의 3대 순례지에 해당되고, 해마다 순례자들의 행렬로 가득한 이유는 무엇일까?

해답은 대성당에 있는 산 이그나씨오San Ignacio de Loyola 동상에 있다. 그는 한 손에는 칼, 또 다른 손에는 지팡이를 들고 있다. 그의 생애를 조금만 살펴보면 이 동상이 의미하는 바를 금세 알 수 있다.

1491년 이그나씨오는 스페인 북부 바스꼬 지방의 작은 도시 아스뻬이띠아Azpeitia에서 영주의 아들로 태어났다. 17세에 군대에 입대했고 공로를 인정받아 기사 작위까지 받으며 승승장구했다. 그의 인생은 그렇게 순탄할 것만 같았다. 1521년 5월 빰쁠로나Pamplona 전투에서 프랑스군의 포탄에 맞아 크게 다쳤던 그 순간에도.

하지만 부상은 이그나씨오의 인생을 송두리째 바꾸어 놓았다. 치료를 위해 병상에 있을 때 그는 루돌프Ludolph of Saxony가 쓴 『그리스도의 생애De Vita Christi』를 읽고 큰 깨달음을 얻는다. 그렇게 그의 나이 서른에 회심해 바로 군복을 벗은 이그나씨오는 1522년 3월, 예루살렘 순례길에 오르기 전에 지금 내가 서 있는 바로 이곳 몬세라트 대성당으로 오게 되었다. 그는 마리아상 앞에서 자신의 칼을 내려놓고 무릎을 꿇은 채 밤새도록 기도했다. 그리고 다음 날 내려놓은 칼 대신 순례자의 지팡이를 들고 수도원을 떠나 만레사로 갔다. 만레사는 몬세라트에서 14킬로미터 떨어진 곳이다. 그는 만레사에 있는 한 동굴로 들어가 기도하고 묵상하며 거의 일 년 가까이 머물렀는데, 이 고행을 통해 만들어진 책이 바로 『영신수련 Ejercicios Espirituales』이다. 훗날 그는 스페인에서 예수회를 창립하고 1541년 예수회의 초대 총장으로 선출되며 평생 하나님을 위한 삶을 살았다.

수도원에서 다시 케이블카를 타고 산 정상에 있는 산 호안 San Joan 전망대로 올라갔다. 몬세라트 산과 주변 경치가 한눈에 들어오고 저 멀리 이그나씨오가 머물렀던 만레사도 보인다. 저기 어딘가에 그가 머물렀다던 동굴이 있을 것이다. 인생이라는 것이 참 알 수가 없다. 영주의 아들로 태어나 군인으로 출세하여 세상의 부귀영화를 누릴 수 있었던 이그나씨오. 그는 병상에 있을 때 기사들의 사랑을 다룬 소설을 찾았다고 한다. 기사도에 심취해 있던 돈 끼호떼처럼 말이다. 그런데 마침 기사도와 관련된 책이 없어서 신앙서적을 보게 된 것이다. 루돌프가 40여 년에 걸쳐서 쓴 『그리스도의 생애』를 이그나씨오가 읽게 된 것은 우연이었을까.

몬세라트에 오고 나서 나의 10년 후 여행 코스를 변경했다. 완공된 사그라다 파밀리아 성당을 감상하고 가우디가 태어난 레우스로 갔다가 이곳 몬세라트와 만레사를 여행하는 것이다. 그날의 이그나씨오가 칼을 내려놓았던 것처럼 나도 무언가를 내려놓았으면 한다. 나는 중요하다고 생각하지만 하나님께서 중요하다고 생각하지 않으시는 모든 것을······.

| 산 호안 전망대에서 바라본 전경

| 몬세라트 수도원

CHAPTER 14. 지중해에서 대서양까지

아주 재미있는 여행 계획 하나를 구상했다. 지중해를 출발해 대서양까지 직접 운전해서 가는 자동차 여행이다. 지중해에서 대서양을 가로지르는 길에는 아직 관광객들에게 생소한 삐레네 산맥이 스페인과 프랑스 국경에 걸쳐 있고, 그 안에는 안도라Principado de Andorra라는 아주 작은 나라와 수천 년의 역사를 품은 아라곤 지방의 작고 오래된 마을들이 곳곳에 숨어 있다.

7일간의 여정을 시작할 출발지는 스페인 북동부의 땅끝 마을 까다께스. 'Casa-Museu Salvador Dalí' 이정표를 따라 살바도르 달리의 생가를 쉽게 찾을 수 있었다. 한적한 바닷가 앞에 새하얀 달리의 집이 보였다. 달리는 그의 아내 갈라Gala Dali가 죽은 1982년까지 약 40년 동안 이 집에 살았다.

집 앞에는 입장을 기다리는 관광객들이 보였다. 너무 많은 관광객이 몰리는 탓인지 달리의 생가는 철저히 예약제로 운영하고 있다. 웹사이트www.salvador-dali.org를 통해 입장권을 예매하면 된다. 예약을 하지 못한 나는 달리가 살았던 동네를 둘러보는 것으로 만족해야 했다.

까다께스에 있는 달리의 생가

달리의 고향인 피게레스에 있는 달리 박물관

스페인, 마음에 닿다

　엉뚱하고 과격한 성격이었던 달리는 마드리드 미술학교에서 퇴학당하고 2년 뒤인 1928년에 파리로 건너가 이듬해 개인전을 열었다. 이후 달리는 파리의 초현실주의 화가들과 교류하며 자신만의 예술 영역을 창조해 나갔다. 화려한 삶을 살았던 달리는 디자이너 코코 샤넬Gabrielle Chanel과 시인 폴 엘뤼아르Paul Eluard 등 당대의 유명 인사들과 친분을 쌓았다. 같은 스페인 출신의 피카소를 처음 만난 곳도 파리였다. 달리는 피카소로부터 예술적인 영감과 영향을 받기도 했지만 일정한 거리를 유지하며 서로 다른 예술의 영역을 그어 나갔다. 피카소를 두고 "이 세상에 불행한 것이 두 가지 있는데, 한 가지는 피카소를 아는 것이고, 또 한 가지는 살바도르 달리를 모르는 것이다"라는 말을 하기도 했다.

　내가 처음 살바도르의 작품을 만난 건 마드리드에 있는 레이나 소피아 미술관에서 그림이 아닌 14분짜리 단편 영화를 통해서였다. 미술관 내의 작은 영상실에 들어갔을 때 살바도르 달리와 그의 친구 루이스 부뉴엘Luis Buñuel 감독이 1928년에 공동으로 제작한 「안달루시아의 개Un Chien Andalou」가 상영되고 있었다.

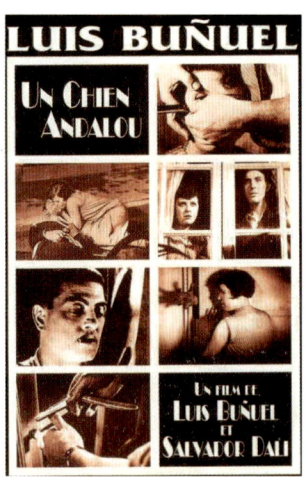

　여자의 눈알을 면도칼로 베어 버리는 장면이 클로즈업되면서 시작하는 충격적인 영화는 초현실주의의 걸작으로 남아 있다. 뚫린 손바닥 사이로 개미들이 들끓고 피아노 위에 쓰러진 당나귀 사체가 피를 흘리는 엽기적인 장면들이 계속 등장한다 미술관에서는 잔인한 부분을 모두 편집하여 상영했다. 환영과 암시가 가득한 짧은 영화를 보면서 뭔가 찜찜한 기분을 지울 수 없었지만 영화를 다 보고 나오면서 '그럼에도 불구하고 참 달리스럽다'라는 평가를 하게 되었다.

스페인, 그중에서도 특히 아스뚜리아스를 유독 사랑했던 우디 앨런Woody Allen의 영화 「미드나잇 인 파리Midnight in Paris」를 보면 1920년대로 시간 여행을 떠난 시나리오 작가 길 펜더가 살바도르 달리와 만나는 장면이 나온다. "우리 어디서 만난 적 있죠?"라며 능청스럽게 말을 건 달리는 길 펜더와 대화를 나누던 도중 바 입구에서 들어오는 자신의 절친 루이스 부뉴엘을 발견하고는 길 펜더에게 소개한다. 아마도 이때쯤 달리와 루이스 두 사람이 의기투합해서 「안달루시아의 개」를 제작한 것 같다. 달리 역할로 출연한 배우 애드리언 브로디의 능청스런 연기를 생각하면 지금도 웃음이 난다.

20세기를 대표하는 스페인의 초현실주의 화가 살바도르 달리에게는 천재, 괴짜, 광인이라는 수식어가 늘 붙어 다닌다. 비논리적이고 엉뚱하며 금기에 연연하지 않고 때로는 광기까지 느껴지는 기상천외한 달리의 작품들은 보는 이에게 예술적 카타르시스를 느끼게 한다.

그러나 달리가 디자인한 '츄파춥스'의 로고 디자인처럼 언제나 유쾌해 보이는 그의 이면에는 가슴 아픈 가족사가 있다. 달리가 까딸루냐의 동북부 도시 피게레스에서 태어난 것은 1904년 5월 11일이었다. 그리고 그에게는 1901년 10월에 태어나 1903년 8월에 사망한 형이 있었다. 그 형의 이름이 바로 살바도르 달리였다. 형을 너무나도 사랑했던 달리의 아버지는 형이 죽은 뒤 태어난 동생에게 형과 똑같은 이름을 지어 줬다. 아버지는 달리를 통해 죽은 아들에 대한 그리움을 채우려고 했다. 달리에게 형의 이름은 족쇄처럼 느껴졌고 그는 형의 이름으로부터 자유로워지고 싶었다. 어릴 때부터 성격이 거칠고 자유분방했던 달리는 점점 더 예민하고 괴팍해졌다. 달리는 그렇게 해서라도 자신이 형과는 다른 사람이라는 것을 표현하고 싶었는지도 모른다.

"나는 죽은 형이 아닌 살아 있는 살바도르 달리다!"라고 말했던 어린 달리의 심정을 생각해 보니 달리가 왜 그토록 돋보이려고 행동하면서 살았는지 이해가 된다.

젊은 나이에 부와 명성을 얻은 달리가 수많은 여인을 뒤로하고 10살 연상의 *갈라와 결혼한다고 했을 때 달리는 극구 반대하는 아버지와 의절을 결심한다. 이때가 달리에게는 인생의 큰 전환점이 된다. 달리를 향한 갈라의 사랑은 달리 내면의 깊은 상처까지 안아 주었고, 달리는 그런 갈라와 함께 이곳 까다께스에 머물면서 미술 역사에 길이 남을 명작들을 남겼다.

내 나이 여섯 살 때 나는 요리사가 되고 싶었어.
내 나이 일곱 살 때는 나폴레옹이 되고 싶었지.
내 야망은 점점 자라났고,
지금 나의 야망은 살바도르 달리가 되는 거야.
하지만 그건 너무 힘든 일이라네.
내가 살바도르 달리에게 다가가면 그는 나로부터 더 멀리 달아나거든.

A los seis años quería ser cocinero.
A los siete quería ser Napoleón.
Mi ambición no ha hecho más que crecer,
ahora sólo quiero ser Salvador Dalí y nada más.
Por otra parte, esto es muy difícil,
ya que, a medida que me acerco a Salvador Dalí, él se aleja de mí.

갈라 러시아 태생의 갈라는 달리와도 친분이 있고 피카소의 절친한 친구였던 폴 엘뤼아르의 아내였다. 첫눈에 반한 달리와 갈라는 엘뤼아르를 피해 도망치듯 스페인으로 온다. 후에 엘뤼아르도 둘의 사이를 인정했고 그제야 두 사람은 정식 부부가 될 수 있었다.

까다께스에서 스페인 북부 지방인 빠이스 바스꼬까지 가는 자동차 여행은 나의 스페인 여행에서 가장 기억에 남는 여행지 중의 한 곳이다. 사실 내가 본 뻬레네 산맥은 기대만큼 웅장하거나 뛰어난 경관은 아니었다. 전에 가본 히말라야나 알프스, 안데스 산맥과 비교가 되지 않았다. 하지만 산맥 깊숙이 숨은 보석 같은 마을들을 찾아다니며 그곳 주민들과 어울리고 난생처음 보는 향토 음식도 맛보며 잊지 못할 추억을 만들었다. 아직까지 세상에 많이 알려지지 않은 덕에 관광객들로 북적거리는 스페인의 다른 도시에서는 느낄 수 없었던 여유를 만끽할 수 있었다.

까다께스에서 출발해 처음으로 도착한 곳은 리뽈Ripoll이다. 리뽈은 880년에 건설된 산따 마리아 수도원Monasterio de Santa María으로 유명한 곳이다.

8세기 초에 이베리아를 침공한 무어인들은 무서운 속도로 세력을 넓혀 순식간에 이베리아 반도의 대부분을 차지했다. 9세기에 들어서면서 이슬람 문화는 비약적으로 발전했고, 반면에 이슬람 지배 아래에 있던 옛 서고트 왕국의 종교와 문화는 상대적으로 쇠퇴했다. 이 당시에 각 지방에 있던 수도원을 중심으로 가톨릭 문화를 보전하고 왕국을 재건하려는 움직임이 서서히 일어났는데, 이때 가장 중요한 역할을 했던 수도원 중의 한 곳이 바로 산따 마리아 수도원이다.

내가 도착한 시간은 일요일 저녁 6시쯤이었고 수도원은 닫혀 있었다. 수도원 입구에 있는 로마네스크 양식의 아치가 매우 인상적이었다. 중세 시대의 건축물을 보며 감탄하는 사이에 닫혀 있던 입구가 열렸다. 그날은 마침 성가 발표회가 있는 날이었다. 그들은 먼 한국에서 온 여행자를 환영해 줬고 나는 리뽈 주민들의 작은 공연을 감상하며 즐거운 저녁 시간을 보냈다.

다음 날은 안도라로 향했다. 면적이 제주도의 4분의 1 정도밖에 되지 않는 작은 나라이다. 국경에서는 대부분 여권 검사도 없이 그냥 통과된다.

| 산따 마리아 수도원의 아치형 입구

안도라는 관광업이 발달한 곳이다. 여름에는 등산으로, 겨울에는 스키장으로 관광객이 몰려든다. 쇼핑도 인기다. 나라 전체가 면세 구역이기 때문에 저렴한 가격으로 쇼핑을 즐기기 위해 스페인과 프랑스의 주변 도시에서 많은 쇼핑객이 안도라를 찾는다. 안도라의 총인구가 고작 8만 명 정도인데 연간 300만 명 이상의 관광객이 찾아오니 나라가 부유할 수밖에 없다. 국민 대부분이 관광, 서비스업에 종사하고 있으며 세계에서 실업률이 가장 낮은 나라에 속한다.

이쯤 되면 안도라 국민이 꽤나 부럽게 느껴진다. 부러운 점이 한 가지 더 있는데, 안도라 국민의 대부분은 기본적으로 4개 국어에 능통하다. 스페인어와 프랑스어는 기본이고 까딸루냐어와 영어까지 4개 국어를 일상에서 늘 사용한다.

2만3천 명의 주민이 사는 안도라 라 베야 Andorra la Vella 는 안도라의 수도이다. 유럽에서 제일 큰 온천인 깔데아 Caldea 온천은 안도라의 랜드마크 같은 곳이다. 기하학적으로 독특하게 디자인된 깔데아 온천의 외관은 보는 각도에 따라서 모양이 달라진다. 외부 못지않게 온천장의 내부 인테리어도 매우 아름답다. 나트륨과 미네랄이 풍부한 온천수는 성분이 좋기로 유명하다. 다만 아쉬운 점이 있다면 온천수가 좀 미지근하고 입장료도 꽤 비싼 편이다. 2시간 이용 시 31유로, 3시간 이용 시 37.5유로이다. 5세부터 입장이 가능하고 5~12세의 어린이는 어른 가격보다 30퍼센트 정도 저렴하다.

다음 날은 안도라 라 베야를 중심으로 안도라의 높은 산들을 헤집고 다녔다. 산 정상까지도 도로가 잘 정비되어 있고 군데군데 표지판이 많아서 쾌적하게 여행할 수 있었다. 슈퍼마켓에 가서 안도라 주민 틈에 껴서 수많은 종류의 초리소 Chorizo, 이베리아 반도의 돼지고기 소시지를 맛보기도 하고 아무 생각 없이 프랑스 국경을 넘어가서 커피 한 잔 마시고 안도라로 돌아오기도 했다.

01. 스페인-안도라 국경
02. 안도라 라 베야에 있는 쇼핑 거리
03. 분지에 위치한 안도라의 수도 안도라 라 베야
04. 슈퍼마켓에서 초리소를 맛보는 안도라 주민

다시 스페인으로 온 나는 안도라에서 남쪽으로 약 10킬로미터 떨어진 고대 도시 세오 데 우르헬Seo de Urgel로 행했다. 까딸루냐 지명은 라 세우 두르제이La Seu d'Urgell인데 현지에서는 보통 스페인식 지명보다 까딸루냐식 지명으로 통한다.

12세기에 지어진 산따 마리아 대성당과 교구 박물관에는 프랑스와 함께 안도라를 공동 통치했던 우르헬Urgel 교구의 주요 문화재들과 천 년이 넘은 성당 제단화 등 역사적인 보물들이 전시되어 있다. 특히 박물관 내의 중정이 아름답다.

대성당 바로 앞에 작은 빵집이 있는데 아침부터 주민들로 가득했다. 누구보다도 빵을 좋아하는 나로서는 그냥 지나칠 수 없었다. 따뜻한 아메리카노 한 잔과 맛있

01. 라 세우 두르제이의 대성당과 박물관 중정
02. 대성당 앞 작은 빵집. 창문에 비친 마을 풍경이 아름답다.
03. 소르뜨 마을 풍경
04. 비에야 마을 전경

    는 빵 몇 개로 기억에 남을 만한 멋진 아침 식사를 했다. 우리나라도 예전에는 마을마다 오래된 빵집이 있었다. 라 세우 두르제이의 이런 빵집이 무척이나 소중하게 느껴졌다.

    라 세우 두르제이에서 소르뜨Sort까지는 대략 한 시간 정도 걸렸다. 소르뜨는 까딸루냐어로 행운이라는 뜻이다. 스페인어인 수에르떼Suerte와 조금 비슷한 것 같기도 하다. 소르뜨는 스키와 낚시, 카약을 즐기기에 아주 좋은 곳이다. 마을의 분위기도 다른 삐레네의 중세 도시들과는 다르게 전체적으로 현대적인 느낌이 든다.

    소르뜨에서 삐레네 산맥을 향해 북쪽으로 두 시간가량 올라가면 살라르두Salardú

와 비에야Viella, 까딸루냐어로는 비엘라Vielha이다가 나온다. 가는 길에는 눈 덮인 아름다운 삐레네 산맥을 원 없이 감상할 수 있다. 곳곳에 전망대가 있고 중간중간 트레킹하는 무리를 볼 수 있다.

삐레네는 인기 있는 트레킹 코스가 상당히 많은데 여행 시기에 맞춰 선택하는 것이 제일 현명한 방법이다. 소르뜨에서는 아이구에스또르떼스 이 에스따니 데 산뜨 마우리시d'Aigüestortes i Estany de Sant Maurici 국립공원으로 가는 트레킹 코스가 유명하다. 거대한 야생 보호 구역인 이 공원에는 아름다운 호수를 둘러보는 다양한 코스가 있다. 소르뜨에서 북쪽으로 한 시간 정도 떨어진 에스뽀뜨Espot 마을 관광 안내소에서 지도를 받은 후 트레킹을 시작하면 된다. 4월에서 10월 사이가 가장 좋다.

삐레네에서 인기 있는 또 다른 트레킹 장소는 오르데사 이 몬떼 뻬르디도Ordesa y Monte Perdido 국립 공원이다. 이곳 역시 짧게는 두 시간부터 길게는 며칠까지 다양한 코스가 있다. 내가 이번 삐레네 여행을 시작한 까다께스에서 북쪽으로 국경을 넘어 프랑스 남부 도시까지 걸어가는 트레킹도 꽤 괜찮은 코스이다. 보통 이틀 정도 걸리는데 가장 좋은 시기는 가을과 겨울인 10월에서 2월 사이이다.

살라르두와 비에야는 내가 삐레네에서 본 제일 예쁜 마을이었다. 비에야에서 다음 목적지인 아인사Aínsa까지 가는 길에는 삐레네 최고봉인 아네또Aneto, 3,404미터봉이 보인다. 이 길을 지나면서 까딸루냐 지방이 끝나고 아라곤 지방이 시작된다.

아라곤 왕국은 11세기에서 15세기까지 존재했던 스페인의 옛 왕국이다. 1035년에 나바라 왕국의 산초 3세Sancho III가 사망하자 왕자들에 의해 왕토가 분할되고 왕자 중 한 명인 라미로 1세Ramiro I가 아라곤 지역을 통치하게 되면서 아라곤 왕국이 탄생했다. 1137년에는 지금의 바르셀로나 지역인 까딸루냐 왕국을 통합하였고 이어서 이슬람 왕국이 다스렸던 발렌시아와 발레아레스 제도의 땅들을 재정복하며 영토를 넓혀 갔다. 이후로는 바르셀로나를 통해 지중해로 진출하게 되었고 14세기와 15세기에는 시칠리아 섬과 나폴리 왕국을 점령하는 등 지중해까지 세력을 확장할 정도로 번성한 왕국이었다.

앞에서도 설명했듯이 까스띠야 왕국의 이사벨 여왕과 아라곤 왕국의 페르난도 2세가 1469년에 결혼하면서 두 왕국은 자연스럽게 통합되었고 국토 회복 운동 과정에서 까스띠야 왕국과 함께 주도적인 역할을 하게 된다.

아라곤에도 아라곤어인 아라고네스Aragonés가 존재한다. 스페인어와 같은 라틴어에서 파생되었지만 스페인어보다는 까딸루냐어와 더 비슷하다. 뻬레네 산맥의 경우 스페인어로는 삐리네오Pirineo라고 하고 까딸루냐어로는 삐리네우스Pirineus, 아라곤어로는 뻬리네스Perinés라고 부른다. 한 나라에서 한 지명을 두고도 여러 단어가 존재하지만 이 또한 어쩌면 다른 나라에 없는 스페인만의 매력이 아닐까 하는 생각이 든다.

아인사에 도착하니 'Uno de Los Pueblos Más Bonitos de España'라고 적힌 간판이 보인다. 우노Uno는 숫자 '하나', 뿌에블로Pueblo는 '마을'이라는 뜻이고 마스 보니또Más Bonito는 '더 예쁜'이라는 뜻이다. 해석하면 '스페인에서 제일 예쁜 마을 중의 하나'라는 뜻이다. 아인사는 떼루엘 주의 알바라신과 깐따브리아의 산띠야나 델 마르Santillana del Mar 등과 함께 스페인에서 제일 아름다운 마을로 뽑혔다.

제일 예쁜 마을, 제일 예쁜 전망대, 제일 예쁜 성당……. 관광객들이 방문해야 하는 이유를 만들어 주면서 대도시로 집중되는 관광객들의 동선을 분산시키는 아주 효율적이고 기발한 아이디어다. 스페인 정부의 노력은 예쁜 마을을 선정하는 것으로 끝나지 않는다. 작은 마을에까지 관광 안내소를 설치하고 호텔을 지원하며 지속적인 홍보를 한다. 스페인이 왜 세계 제일의 관광대국인지 충분히 이해가 되고도 남는다.

| 스페인에서 제일 예쁜 마을이라는 안내문 | 한적한 새벽의 아인사 구시가지

신까Cinca 강과 아라Ara 강이 만나는 지점에 있어 삼면이 강으로 둘러싸인 천혜의 요새 지역인 아인사의 구시가지는 마치 커다란 영화 세트장 같았다. 성곽에 올라 아름다운 아인사의 주변 경치를 감상하고 구시가지의 중심인 마요르 광장으로 갔다. 우뚝 솟은 종탑과 함께 대성당이 보이고 아인사에서 제일 인기가 높은 로스 시에떼 레예스Los Siete Reyes 호텔 주변으로 카페와 레스토랑이 한창 영업 중이었다. 종탑 밑으로 이어지는 작은 골목길에는 중세 시대에 지어진 집들이 고스란히 보전되어 있다. 발코니에 장식한 꽃들도, 나무로 만든 오래된 간판도 모두 한 폭의 그림 같았다.

하노바스 전망대Mirador de Jánovas를 지나 오르데사 이 몬떼 뻬르디도 국립공원으로

| 성곽에서 내려다본 아인사의 마요르 광장 | 아인사 구시가지의 한 레스토랑

향했다. 오르데사 국립공원은 1918년에 삐꼬스 데 에우로빠 Picos de Europa 국립공원과 함께 스페인 최초의 국립공원으로 지정됐다. '잃어버린 산'이라는 뜻의 몬떼 뻬르디도의 높이는 3,355미터이며 뻬레네에서 세 번째로 높은 산이다.

공원 서쪽에 있는 또를라 Torla 를 지나 국립공원 입구까지 차를 타고 갔다. 입구에 있는 관광 안내소에서 트레킹 코스가 포함된 지도를 받은 뒤, 차를 몰고 공원 안으로 좀 더 들어갔다. 한 30분 정도 지나니 공용 주차장이 나왔다. 오르데사 국립공원을 짧게 둘러볼 수 있는 왕복 두 시간짜리 트레킹은 여기서부터 시작된다. 가장 인기 있는 코스라서 그런지 주차장은 거의 꽉 찬 상태였다. 특히 아이들과 함께 가족 단위로 온 관광객이 많았다. 길이 험하지 않아 초등학생도 충분히 둘러볼 수 있는 코스이다.

| 공원 안 짧은 트레킹 코스

| 오르데사 국립공원 입구

스페인과 프랑스 국경을 수시로 넘으며 며칠 동안 삐레네 산맥을 여행하다가 나바라 지방의 빰쁠로나Pamplona로 왔다. 주민이 1천 명도 안 되는 작은 마을들만을 다니다가 인구 20만의 빰쁠로나에 도착하니 완전히 다른 세상처럼 느껴진다. 고층 빌딩이 낯설고 말끔히 정돈된 아스팔트가 어색하다. 호텔을 찾기 위해 잠시 차를 세웠는데 왕복 6차선 도로 건너편으로 지난 며칠 동안 한 번도 보지 못한 맥도날드와 버거킹 매장이 보였다. 라 세우 두르제이의 작은 빵집에서 아침을 먹었던 기억이 아주 먼 옛날처럼 느껴졌다. 5일간 삐레네 구석구석을 다녔지만 왠지 모를 아쉬움이 남는다. 다음에는 트레킹 장비를 챙겨 더 깊숙이 들어가 볼 계획이다.

빰쁠로나 구시가지로 들어가 까스띠요Castillo 광장으로 갔다. 광장에서 제일 먼저 본 풍경은 멋진 가우초 복장을 하고 노래를 부르는 할머니의 모습이었다. 할아버지의 기타 연주에 맞춰 신나게 팝송을 부르는 할머니의 얼굴이 그렇게 행복해 보일 수가 없었다. 넓은 광장 주변을 고풍스러운 건물들이 둘러싸고 있었다. 광장에서 이루냐Iruña 카페는 쉽게 찾을 수 있었다. 카페 앞 야외 테이블에 앉아 커피 한 잔을 주문했다. 그리고 드디어 아주 오랫동안 내 가방에 고이 간직해 뒀던 『태양은 다시 떠오른다』를 꺼냈다. 이 책을 이루냐 카페에서 읽기 위해 여기까지 가져온 것은 내가 봐도 대단한 정성이다. 우리는 수염이 덥수룩한 노년의 헤밍웨이를 기억하지만 이 책이 출간된 1926년에 헤밍웨이의 나이는 스물일곱 살이었다. 그는 지금 내가 앉아 있는 바로 이곳 이루냐 카페에서 이 책을 쓰기 시작했다.

주문한 커피가 나오고 까스띠요 광장으로 내리쬐는 따스한 햇볕을 받으며 첫 페이지를 펼쳤다. 전쟁 중 파편에 맞아 성불구가 된 주인공 제이크와 이미 두 번의 이혼을 경험하고 현재는 마이크 캠벨과 약혼한 브렛, 제이크의 유대인 친구이자 권투 선수 출신의 소설가 콘의 이야기로 소설은 시작된다. 그들의 파리 생활은 어딘가 모르게 냉소적이다. 불안하고 혼란스러운 관계가 이어지고, 매일 밤 술에 취해 비틀거리며 미래를 정면으로 바라보지 못하는 무기력한 모습도 엿보인다. 그들은 당시 1차 세계대전으로 상처받고 실의에 빠진 젊은 세대를 지칭하는 '로스트 제너레이션Lost Generation, 길 잃은 세대'이다.

한참이 지나 출출한 배를 채우기 위해 카페 안으로 들어갔다. 입구에 있는 바에는 다양한 타파스로 가득했고 커다란 홀에는 손님들이 꽉 차있었다. 시원한 생맥주와 타파스 두 개를 골랐다. 바빠서 정신없는 카페 직원을 계속 응시하다가 잠시 한가해 보이는 타이밍에 헤밍웨이가 주로 앉았던 자리가 어디냐고 물었다.

"헤밍웨이가 이곳에 오던 시절에는 카페가 이렇게 크지 않았어요. 저쪽에 작은 통로가 있는데 거기로 가보세요. 여기는 나중에 카페를 확장한 곳이에요."

타파스를 다 먹고 나서 직원이 알려 준 곳으로 갔다. 좁은 통로로 연결된 복도를 지나니 작고 오래된 카페가 있었다. 광장에서 들어오는 출입문은 닫혀 있었고 카페 안은 조금 어두웠다. 벽에는 헤밍웨이의 흑백 사진들이 걸려 있다. 그리고 실제 크기로 만들어 놓은 헤밍웨이의 동상이 보였다. 헤밍웨이의 키가 나와 똑같은 183센티미터라고 알고 있었는데 옆에 서보니 정말 거의 똑같았다. 동상 곁에 서니 헤밍웨이가 더 친근하게 느껴졌다. 확장된 공간은 손님으로 가득했지만 내가 앉아 있는 이 카페에는 아무도 들어오지 않았다. 나는 다시 책을 펴고 2부를 읽기 시작했다.

제이크와 친구들은 넓은 들판을 지나 성벽에 둘러싸인 빰쁠로나를 발견하고는 시내로 들어온다. 그들은 몬또야 호텔에서 짐을 풀고 점심을 먹었다. 제이크는 스페인에서 먹는 첫 식사가 썩 괜찮았다고 말한다. 그건 스페인 음식을 좋아했던 헤밍웨이 본인의 생각이었다. 이루냐 카페에서 책을 써나가던 헤밍웨이는 뜨거운 햇살을 피해 아케이드 안쪽으로 걷고 있던 주인공 제이크와 친구들을 이곳 이루냐 카페로 불러들인다. 소설 속 제이크 일행은 수시로 이루냐 카페를 찾는다.

헤밍웨이는 여행을 통해 사물과 사건을 직접 목격하고 체험한 것을 토대로 소설을 쓴 대표적인 행동주의 문학가였다. 헤밍웨이가 처음 빰쁠로나에 온 것은 그가 스물네 살 때인 1923년이었다. 그는 산 페르민 축제에서 처음으로 투우 경기를 보고 깊은 인상을 받는다.

헤밍웨이는 『태양은 다시 떠오른다』에서 산 페르민 축제와 투우 경기를 구체적으로 묘사했다. 나바라 왕국의 작은 도시에 불과했던 빰쁠로나가 세계적인 관광 도시로 거듭난 것은 어쩌면 헤밍웨이 덕분이다. 이 책은 출간되자마자 미국에서 큰 호평을 받았고 수많은 독자가 산 페르민 축제를 보기 위해 빰쁠로나를 찾았다.

제이크가 사랑한 브렛은 빰쁠로나에서 만난 전설의 투우사 로메로와 사랑에 빠진다. 이 일로 콘이 로메로를 때려눕히면서 이들의 관계는 불안과 갈등으로 치닫는다. 결국 브렛은 로메로와 떠나지만 얼마 가지 않아 헤어지고 마드리드의 한 싸구려 호텔에서 제이크와 재회한다. 택시 안에서 브렛이 제이크에게 기대어 안기고 택시가 그란 비아 길로 들어서면서 소설은 끝난다.

소설에서 투우사 '니까노르 비얄따'가 언급되는 부분이 있는데 그는 헤밍웨이가 매우 좋아했던 투우사다. 첫째 아들의 이름을 니까노르John Hadley Nicanor Hemingway로 지을 정도로 헤밍웨이는 투우를 좋아했다. 또한 프랑스 고급 와인인 샤또 마고Chateau Margaux를 너무도 사랑해 손녀 이름을 마고Margaux Hemingway라고 짓기도 했다.

하지만 불행하게도 마고 헤밍웨이는 그녀의 나이 마흔한 살에 자신의 이름을 지어 준 할아버지처럼 자살로 생을 마감한다. 헤밍웨이 가족은 아버지와 본인, 손녀를 포함해 4대에 걸쳐 다섯 명이 자살했다.

생전에 사람과 어울리는 것을 누구보다 좋아했던 헤밍웨이는 지금 이 동상처럼 그때도 카페로 들어오는 사람을 바라보며 반갑게 인사를 건넸을 것이다. 그런데 지금 그 문은 닫혀 있고 헤밍웨이는 문을 향해 혼자 외롭게 서 있다. 입구를 바라보고 있는 헤밍웨이를 보니 왠지 측은한 마음이 든다.

| 이루냐 카페 입구 | 이루냐 카페 내부

 이루냐 카페의 헤밍웨이 동상

 닫힌 카페 입구를 쓸쓸하게 바라보는 헤밍웨이

Part 5

친절한 사람들의 도시,
빠이스 바스꼬

빠이스 바스꼬
PAIS VASCO

빠이스 바스꼬. 스페인어 정식 명칭이다. 바스꼬어로는 에우스까디Euskadi이며, 알라바Álava, 기뿌스꼬아Guipúzcoa, 비스까야Vizcaya의 세 개 주로 나뉜다. 빠이스 바스꼬의 주도는 비또리아Vitoria이며, 주요 도시로는 산 세바스띠안San Sebastián과 빌바오Bilbao가 있다. 인구는 대략 220만 명, 한 사람당 소득이 4만 불이 넘어 바르셀로나가 있는 까딸루냐 지방과 더불어 스페인에서 가장 부유한 지방에 속한다. 철광석 등의 천연자원과 산림자원이 풍부하고 농업 여건이 우수한 이곳을 근면한 바스꼬 사람들이 스페인에서 가장 풍요로운 지역으로 발전시켰다. 세계적인 은행그룹 BBVABanco Bilbao Vizcaya Argentaria의 본사가 있는 빌바오는 스페인 금융의 중심 역할을 한다.

이 지방에서 사용하는 언어는 에우스께라Euskera, 바스꼬어이며, 스페인의 공용어 네 개 중 하나이다. 빠이스 바스꼬 지방의 도로 간판은 두 가지 언어로 표기되는데, 예를 들어 산 세바스띠안을 표기하는 간판에는 산 세바스띠안의 바스꼬어인 도노스띠아Donostia가 함께 적혀 있다. 다른 책에서는 보통 바스꼬 지방의 영어 지명인 바스크Basque를 사용하지만, 이 책에서는 스페인식 명칭인 빠이스 바스꼬로 표기했다.

마드리드에서 산 세바스띠안이나 빌바오까지는 고속 열차 아베로 연결되지 않아 렌페 renfe라 불리는 일반 열차나 버스를 이용해야 하는데, 나는 자리도 넓고 편한 기차를 추천한다. 마드리드 차마르띤 역에서 산 세바스띠안까지 가는 완행열차를 이용할 경우, 5시간 20분이 소요된다. 산 세바스띠안에서 빌바오까지 북쪽 해안으로 이어지는 관광지들은 버스나 기차로도 이동이 가능하며, 렌터카를 이용하는 것도 좋은 방법이다. 산 세바스띠안 기차역에 내리면 렌터카를 인수할 수 있는데 예약이 필수이다.

시간이 한정된 여행자라면 산 세바스띠안에서 빌바오로 넘어가는 길에 쑤마이아Zumaya와 게르니까Guernica를 하루 만에 보는 것도 가능하다. 단 아침 일찍 일정을 시작하자. 만약 여유가 있어서 쑤마이아의 딸라소떼라삐아 쎌라이Talasoterapia Zelai 호텔에서 하루 쉬었다 갈 수 있다면 더없이 좋은 코스이다.

하이라이트

- 산 세바스띠안에서 꼰차 해변과 타파스 즐기기
- 쑤마이아의 산 뗄모 예배당 앞 해변에서 해수욕하기
- 스페인에서 가장 아름다운 전망대 1위에 뽑힌 '산 후안 가스뗄루가체' 방문하기
- 건축가의 도시 빌바오에서 세계적인 건축물 감상하기

스페인, 마음에 닿다

CHAPTER 15. 산 세바스띠안으로 떠나는 미식 여행

이른 아침 호텔 창문을 열자 그림 같은 풍경이 펼쳐진다. 분명 어제와 같은 장소인데 오늘의 느낌은 또 다르다. 앞에는 산따 끌라라Santa Clara 섬이 보이고 그 뒤에는 우르굴Urgull 언덕이 보인다. 그리고 조개껍데기 모양처럼 생겼다고 하여 붙여진 꼰차Concha 해변. 나는 지금 산 세바스띠안에 있다.

10년 전 세계 일주를 하던 당시 이 꼰차 해변에 왔다가 해변 끝자락에 우뚝 솟은 이겔도Igueldo 언덕 끝에 세워진 한 호텔을 발견했고, 언젠가는 이곳에 꼭 다시 와서 이 호텔에 묵어야겠다고 생각했었다. 간절한 바람은 이루어졌다. 산 세바스띠안에 도착하기 며칠 전 호텔닷컴을 통해 머큐어 몬떼 이겔도Mercure Monte Igueldo 호텔을 1박에 60유로씩 총 2박을 예약했다. 산 세바스띠안뿐만 아니라 스페인에서도 최고의 전망을 자랑하는 몬떼 이겔도 호텔의 숙박비가 예상보다 저렴한 까닭은 막상 호텔에 와보면 알 수 있다. 스페인의 다른 4성급 호텔들과 비교하면 부대시설이 열악하고, 오래된 건물은 머지않아 새 단장에 들어갈 기세다. 체크인할 때 방의 위치를 물어보니 내가 예약한 금액은 제일 낮은 등급이라서 발코니가 없다고 한다. 바다 전망의 객실은 1박당 10유로, 꼰차 해변 전망의 객실은 1박당 70유로의 추가 요금이 필요하다는 말에 얼른 20유로를 지급하고 비스까야 만Golfo de Vizcaya이 끝없이 펼쳐지는 아담한 객실로 들어왔다.

로비 층에 있는 카페와 레스토랑에 가면 언제든 꼰차 해변의 전경을 감상할 수 있으므로 바다 전망의 객실이면 충분했다. 추가 요금을 지불한 것과 호텔의 시설이 낙후된 것은 나에게 아무런 문제가 되지 않았다. 나에게 중요한 사실은 적어도 2박 3일 동안 이 환상적인 경치를 원 없이 감상할 수 있다는 것이다. 온종일 호텔

바에 앉아 책과 신문을 읽기도 하고, 부슬부슬 내리는 비를 맞으며 언덕 여기저기 산책도 했다. 갑자기 해가 뜨면 호텔 야외 테이블 좋은 자리 하나를 차지하고 바에서 흘러나오는 잔잔한 음악을 들으며 감상에 젖기도 했다.

아침에는 뷔페, 점심에는 바스꼬 전통 코스요리, 저녁에는 알 라 까르따a la carta, 주문요리를 먹으며 그야말로 호텔을 즐겼다. 혼자서 주문받으랴 커피 나르랴 몇 시간째 분주한 20대 중반의 웨이터 아시에르Asier는 바스꼬 지방에서 태어난 바스꼬 청년이다. 그는 손님의 대부분이 빠져나간 늦은 오후쯤이 돼서야 내가 마신 빈 잔을 치우며 인사를 건넸다. 나는 이때다 싶어 그에게 한 가지 부탁을 했다.

"음…… 혹시 많이 바쁘지 않다면, 퇴근하기 전에 나에게 바스꼬 이름 하나 추천해 주지 않을래요? 한국 돌아가서 친구들에게 자랑하고 싶어요."

빠이스 바스꼬의 언어인 에우스께라의 어원은 그 어떤 언어학자도 밝혀 내지 못했으며, 인근 스페인이나 프랑스뿐만 아니라 세계 어느 나라의 언어와도 유사성을 찾을 수 없는 미스테리한 언어이다. 예를 들면 이렇다. '섬'이라는 뜻의 스페인어는 이슬라Isla이고, 갈리시아어로는 이야Illa, 포르투갈어로는 일랴Ilha, 이탈리아어는 이솔라Isola인데 에우스께라로는 우하르떼아Uhartea이다. 나머지 언어들은 그 뿌리를 라틴어에 두고 있지만, 에우스께라는 매우 이질적인 어휘와 문법 체계를 갖고 있다. 아빠, 엄마도 스페인어는 빠드레Padre, 마드레Madre, 포르투갈어는 빠빠이Papai, 마마이Mamãe인데, 에우스께라로는 아이따Aita, 아마Ama이다. 그래서 나는 이런 독특한 언어의 이름을 가져 보는 것도 여행에서 잊지 못할 추억이 될 것 같다는 생각에 아시에르에게 부탁했다.

아시에르는 살짝 미소를 지으며 돌아간 뒤 잠시 뒤에 와서는 바스꼬 이름 몇 개가 적혀 있는 작은 메모지 한 장을 살며시 건넸다.

'안데르Ander, 오데이Hodei, 수아리Suarri'

| 호텔에서 바라본 꼰차 해변의 전경

안데르는 안드레의 에우스께라식 이름이다. 오데이는 스페인어로는 누베스Nubes로, 구름이라는 뜻이다. 마지막으로 수아리는 '불'이라는 뜻의 Sua와 '돌'이라는 뜻의 Harri가 합쳐져 Suarri라는 이름이 되었는데, 해석하면 '불타는 돌'이라는 뜻이다. 아시에르스페인어 Principal, '기본'이라는 뜻만큼 좋은 뜻은 아니지만, 왠지 수아리라는 이름이 맘에 들었다. 이제 누군가 바스꼬에서 내 이름을 물어본다면 멋지게 수아리라고 대답해야겠다.

산 세바스띠안에서는 해마다 국제 영화 페스티벌Festival Internacional de Cine de San Sebastián이 열리는데, 이 영화제에서 주는 상의 이름은 꼰차 데 오로Concha de Oro이다. 꼰차 데 오로는 '황금조개상'이라는 뜻인데, 산 세바스띠안을 상징하는 꼰차의 이름을 사용한 것이다. 2003년 한국의 봉준호 감독이 「살인의 추억」으로 받은 감독상의 정확한 명칭은 '꼰차 데 쁠라따 알 메호르 디렉또르Concha de Plata al Mejor Director'로, 해석하자면 '은조개상 감독 부문 우수상' 정도가 된다. 1953년에 시작된 산 세바스띠안 국제 영화제에서는 1986년부터 세계 영화 발전에 이바지한 영화인들에게 도노스띠아상Premio Donostia을 수여한다. 우리가 잘 알고 있는 할리우드 배우 리차드 기어Richard Gere와 메릴 스트립Meryl Streep도 이 상을 받았다.

산 세바스띠안에 대해서는 음식 이야기가 빠질 수 없다. 이곳을 한번 다녀오고 난 다음에는 '산 세바스띠안'이라는 단어를 들으면 침을 꼴깍 삼키거나, 손가락을 입가에 대며 감탄하는 스페인 사람들을 비로소 이해하게 된다. 그렇다. 산 세바스띠안은 스페인 최대 미식의 도시이다. 인구 19만의 작은 도시에 미슐랭Michelin 스타를 얻은 레스토랑이 무려 열세 개나 된다니, 이건 대단한 반전이다.

'액체로 된 황금'이라며 올리브유를 찬양한 까를로스 아르귀냐노Karlos Arguiñano,

현재 스페인 최고의 요리사로 추대받는 마르띤 베라사떼기 Martin Berasategui 모두 바스꼬 출신이다. 스페인의 음식 문화를 언급할 때 빼놓을 수 없는 '타파스'의 본고장이 바로 산 세바스띠안인데, 바스꼬 지방에서는 타파스라는 말 대신 '꼬치'라는 의미의 '뻰초스 Pintxos'라고 부른다. 작은 접시에 간단히 먹을 수 있는 음식을 담고 나무 꼬치로 고정하는 것이 일반적이다. 뻰초스는 주문할 필요 없이 바 위에 진열된 음식을 그냥 가져다 먹고 나갈 때 나무 꼬치 숫자만큼 계산하면 된다. 꼬치당 가격은 보통 1.5유로에서 2유로가 일반적이지만, 뻰초스 대회 수상 경력이 있는 유명한 뻰초스들은 4~5유로 정도의 고가로 팔기도 한다.

산 세바스띠안뿐만 아니라 스페인 모든 지역에는 타파스 뻰초스 문화가 있고, 타파스 투어를 하려고 일부러 스페인을 방문하는 여행객이 있을 정도로 지금은 커다란 관광 상품이 되었다.

| 꼰차 해변 구시가지의 타파스 바

| 타파스를 준비하는 종업원

다양한 타파스들

이렇게 타파스 문화가 발달한 이유는 스페인의 음식 문화에서 그 답을 찾을 수 있다. 여행자든 유학생이든 스페인에 오는 모든 외국인이 제일 처음에 겪는 문화 충격이 한 가지 있는데, 바로 식사 시간이다. 평소에 늦은 식사를 즐기는 다른 유럽인들조차도 스페인의 식사 시간에 대해서는 혀를 내두른다.

일단 점심시간은 오후 2시이다. 그리고 저녁 시간은 8시 30분. '에이~ 그래도 7시쯤 식당에 가면 밥은 주겠지'라는 생각으로 레스토랑에 가보면 문은 굳게 닫혀 있다. 그럼 8시 30분이 되면 일제히 '준비, 시작' 하고 식탁에 모이느냐, 그것도 아니다. 어떤 사람은 9시, 또 어떤 이는 밤 10시에 저녁 식사를 시작한다. 결론적으로, 우리에게 식사란 아침, 점심, 저녁이지만, 스페인에서는 총 다섯 번의 크고 작은 공식적인(?) 식사가 정해져 있다. 아침은 데사유노 Desayuno, 점심은 꼬미다 Comida. 그리고 아침과 점심 사이의 오전 간식 시간은 알무에르쏘 Almuerzo, 저녁은 쎄나 Cena이다. 그런데 저녁 식사 시간이 너무 늦다 보니 점심과 저녁 사이에도 허기진 배를 달랠 무언가가 필요하다. 이때 먹는 오후 간식 시간을 메리엔다 Merienda라고 하는데, 저렴한 가격에 오래 기다리지 않고 간단하게 요기할 수 있는 것이 바로 타파스이다. 산 세바스띠안에서 즐기는 타파스 투어는 한군데에서 여러 가지 타파스를 먹는 것이 아니라 한곳에서 한 가지씩 원하는 음식을 골라 맛보며 다니는 것이 재미이고, 많은 관광객이 그런 식으로 바 호핑 Bar hopping을 다닌다.

꼰차 해변 동쪽 부근의 구시가지에 가면 뻰초스 타파스 거리를 쉽게 찾을 수 있다. 제각기 멋을 낸 형형색색의 타파스들이 마치 호화로운 생일선물 같다. 이미 상그리아의 매력에 푹 빠졌다면 이번에는 와인과 콜라를 섞은 깔리모초 Calimocho를 마셔보자. 당신이 선택한 타파스에 바스꼬의 풍미를 더해 줄 것이다.

CHAPTER 16. 쑤마이아의 재발견

쑤마이아에 오게 된 것은 오로지 영화 한 편 때문이었다. 「오초 아뻬지도스 바스꼬스Ocho apellidos vascos」라는 영화를 보다가 배경으로 자주 등장하는 해변에 관심이 갔다. 그 해변이 바스꼬 지방의 쑤마이아라는 작은 마을에 있다는 것을 알아냈고, 바스꼬 지방을 여행할 때 꼭 한번 가보려고 마음에 두었다.

'여덟 개의 바스꼬 성'이라는 뜻의 이 코믹물은 2014년 3월에 개봉해서 무려 9주나 스페인 박스오피스 1위를 달렸던 대히트작이다. 안달루시아 청년인 라파Rafa와 바스꼬 처녀인 아마이아Amaia가 만나서 사랑에 빠지는 영화로, 우리나라의 경상도 남자와 전라도 여자가 만난 것처럼 서로 다른 문화권에서 자란 두 사람이 겪는 에피소드를 다룬다.

이베리아 반도의 주인이 여러 번 바뀌고 끔찍한 내전을 겪는 등 기나긴 역사의 소용돌이 속에서 스페인은 다양하고 독특한 문화를 꽃피웠다. 지리적으로 지중해와 근접한 까딸루냐는 일찍이 프랑스, 이탈리아 등과의 해상무역을 통해 발전하면서 유럽의 다양한 문화와 융합된 까딸루냐만의 문화를 형성했다. '산에 사는 사람들'이라는 뜻의 바스꼬는 스페인이나 프랑스 문화에 융화되지 않고 독특한 문화를 유지하면서 지금까지도 지켜 내려오는 전통이 무수히 많다.

안달루시아는 또 어떤가. 스페인이 무어족의 침략을 받아 7세기 동안 아랍의 지배권에 있을 때 이슬람 문화가 뿌리 깊게 자리한 곳이다. 이베리아에서 이슬람의 세력이 완전히 종결된 1492년부터는 콜럼버스가 신대륙에서 가져온 다양한 향신료와 식재료들이 제일 먼저 안달루시아로 유입되면서 당시에는 파격적인 퓨전 음식들이 줄줄이 탄생했다.

스페인, 마음에 닿다

이렇듯 지역색이 강한 스페인에서 게다가 누가 봐도 어색한 조합인 안달루시아 청년과 바스꼬 처녀와의 만남. 그러나 사실 영화의 관전 포인트는 줄거리가 아니다. 여느 할리우드 대작처럼 볼거리가 풍부한 것도 아니다. 영화의 흥행 요인은 스페인 문화에 대한 재치 있는 풍자와 배우들의 익살스런 연기와 대사에 있다.

실제로 스페인 친구들과 이야기를 나누다 보면 바스꼬 사람들은 무뚝뚝하고 먹는 것만 좋아한다든가, 안달루시아 사람들은 촌스럽고 게으르다는 이야기를 듣게 된다. 우리나라에서도 영화에 나오는 경상도나 전라도의 사투리를 들으며 배꼽을 잡고 웃는 것처럼 이 영화도 스페인 사람들의 웃음 코드에 절묘하게 부합한 그런 영화이다. 언어와는 별개로 우리 같은 외국인이 이 영화를 보며 스페인 사람들과 똑같이 즐거워하기는 무척 어려운 게 사실이다. 이 영화를 나와 함께 봤던 핀란드 친구 안드레는 스페인어를 거의 완벽하게 알아듣는데도 불구하고 나와 마찬가지로 웃음 포인트를 제대로 잡지 못했다. 스페인 사람들은 의자가 들썩일 정도로 자지러지며 즐거워하는데, 우리는 '왜 웃지?'라는 생각이 들기도 했다. 나중에는 혼자 바보가 된 느낌이 들어서 '에라 모르겠다, 스페인 사람들이 웃을 때 같이 웃자' 하며 영혼 없는 리액션을 취해 보기도 했다. '그래도 그렇지, 이런 영화가 어떻게 9주나 박스오피스 1위를 유지할 수가 있을까? 스페인에

「오초 아뻬지도스 바스꼬스」 포스터

제대로 된 영화가 이렇게 없나?' 하는 생각을 할 수도 있지만, 이런 종류의 코믹 영화는 스페인 사람들이 매우 좋아하는 장르이다. 그들은 공감하며 웃는 것에 큰 의미를 둔다. 스페인의 국민 스포츠는 축구가 아니라 꼬띠예오 Cotilleo, 담소라는 뜻라는 말이 있을 정도니까.

우리가 잘 아는 『돈 끼호떼』가 그렇다. 당시의 종교와 봉건사회를 풍자하고, 소설 내에서 독자를 창조해 내는 등 새로운 형식의 소설을 탄생시킨 세르반떼스의 『돈 끼호떼』가 세계적인 문학 작품인 것은 이해가 가는데, 사실 『돈 끼호떼』를 읽다 보면 기대와 명성만큼 재미 요소가 없다는 것을 깨닫게 된다. 먼 옛날 국왕 펠리뻬 3세가 길에서 어떤 청년이 책을 보며 깔깔거리며 웃는 모습을 보면서, "저 친구 지금 『돈 끼호떼』를 읽고 있군"이라고 했다는데, 도대체 그 청년이 읽고 있던 대목이 어디인지 궁금할 정도다. 물론 웃음 코드도 다르지만, 무엇보다도 저변에 깔린 문화적 배경을 제대로 알지 못하고는 『돈 끼호떼』를 보며 박장대소하는 길거리 청년이나, 앞서 말한 영화를 보면서 배꼽을 잡는 스페인 사람들을 이해하기 힘들 것이다. 그런데도 나는 이 영화를 지루하지 않게 봤다. 특히 남자 주인공 라파의 표정 연기가 일품이었고, 그의 안달루시아 친구 등 조연들의 감초 연기도 볼만했다. 스페인 여행을 준비한다면 스페인 영화를 한편 보고 떠나는 것은 어떨까?

산 세바스띠안에서 쑤마이아까지는 차로 30분이면 충분하고, 완행버스를 이용하면 한 시간 정도 걸린다. 버스 요금은 1.9유로. 저렴한 요금으로 스페인의 멋진 북쪽 해안을 맘껏 감상하면서 쑤마이아까지 편하게 갈 수 있다. 영화를 볼 때도 그랬지만, 쑤마이아에 도착하기 하루 전 산 세바스띠안에 있을 때까지만 해도 인구 9천 명 정도의 작은 마을에 영화 촬영지 말고는 크게 볼 것이 없다고 생각했다. 하지만 막상 가보니 내 생각과는 완전히 달랐다. 시내 중심에서 어렵지 않게 찾아간 영화의 배경지 산 뗄모 예배당Ermita de San Telmo 앞에는 5천만 년의 세월을 품은 해변이 자리하고 있었다. 지각 변동으로 이베리아판과 유럽판이 서로 만나면서 생겨난 플리시Flysch가 수천만 년 간 조산운동의 영향을 받아 기괴하면서도 멋들어진 자태를 뽐내고 있었다. 다들 어디서 왔는지 전망대에는 관광객들이 제법 모여 있었고, 해변에는 파도에 몸을 맡기며 물놀이를 즐기는 쑤마이아 주민들의 모습이

| 쑤마이아의 해변

눈에 띄었다. 지질학적 보물인 이 퇴적암층이 만들어 낸 장관이 거센 파도와 어울려 산 뗄모 예배당을 더욱 특별한 곳처럼 느끼게 한다.

한참을 해변에 머물다가 돌아와 마을 구경을 하는데 놀이터에 모여 있던 청년들이 나에게 다가와 사진을 한 장 찍어 달라고 한다. 앵글에 보이는 청년들의 포즈와 배경이 너무 예뻐서 내 카메라로도 한 장 찍어도 되겠냐고 물었더니 흔쾌히 웃으며 또 다른 포즈를 잡는다. 사진 한 장으로 우리는 금세 친구가 되었다.

네 명 중 한 명만 바스꼬 지방 출신이고 나머지 세 명은 모두 발렌시아 토박이다. 쑤마이아에서 태어난 까를로스는 어렸을 때 온 가족이 발렌시아로 이사를 가서 바스꼬어도 다 잊었지만, 늘 가슴속에 담고 있던 바스꼬 지방의 아름다운 자연을 친구들에게 보여 주고 싶었단다. 결혼을 약속했다는 그의 노비아Novia, 약혼녀에게 결혼하면 바스꼬와 발렌시아 중 어디에서 살고 싶냐고 물었다. 그녀는 잠시 고민하더니 바스꼬가 너무 좋단다.

"그런데 당신은 한국에서 여기까지 여행 온 거에요? 이제 어디로 갈 건가요?"

예쁜 발렌시아 아가씨가 묻는다.

"맞아요. 여행 왔어요. 그리고 오늘 빌바오로 가려고요."

"곧바로 가려고요? 안 돼요! 여기 주변에 가볼 곳이 얼마나 많은데……. 문다까Mundaca는 가봤나요? 무뜨리꾸Mutriku는요? 안 가면 정말 후회할 걸요."

그러더니 마치 막냇동생에게 설명하듯 차근차근 길을 안내한다. 가는 방법도 직접 알려 주고 휴대전화기를 꺼내 자신들이 찍은 사진도 보여 준다. 바스꼬 지방의 아주 작은 마을 쑤마이아에서 우연히 만난 친구들의 도움으로 쑤마이아에서 빌바오로 가는 여행 코스는 전면 수정되었다.

| 마을 놀이터에서 만난 청년들 | 사진 찍어 달라는 동네 꼬마들

맥주를 잔뜩 들고 숙소로 돌아가는 청년들의 뒷모습을 보며 '참 고맙다'라고 생각하는데 내 바로 앞에 조그마한 아이들이 여러 명 모여 와 자기들도 사진을 찍어 달란다. 초등학교 3~4학년 정도로 보이는 아이들이 수줍은 표정으로 내 앞에 옹기종기 앉아 사진 찍을 준비를 한다. 귀여운 아이들. 때 묻지 않은 바스꼬 어린이들의 반짝거리는 눈을 보니 긴 여행의 노고가 다 풀리는 듯하다.

"너희 이름이 뭐니? 내가 다음에 여기 다시 올 때 이 사진을 인화해서 선물로 줄게. 꼭!"

그러고는 아이들의 이름을 메모지에 하나씩 받아 적었다. 주네June, 나고레Nagore, 이라이데Iraide, 안도니Andoni. 세 명은 여자아이이고 안도니만 남자아이다. 언젠가 내가 똑같은 사진 네 장을 들고 이곳에 다시 올 것을 상상하니 웃음이 절로 난다.

아이들은 나를 금방 잊겠지만 나는 이 아이들을 오래오래 기억할 것 같다.

쑤마이아의 해변

CHAPTER 17. 게르니까, 참상을 극복한 사람들

쑤마이아 여행을 마치고 게르니까로 향한다. 게르니까 하면 스페인 내전을 이야기하지 않을 수 없고, 스페인 내전 하면 게르니까를 떠올리지 않을 수 없다. 특별한 관광지는 없지만 난 누구보다도 게르니까에 가보고 싶었다. 내전의 깊은 아픔을 겪은 도시를 찾아가서 내 눈으로 직접 보고 싶기도 했지만, 무엇보다도 그들의 죽음을 애도하고 싶었다.

1936년 2월 16일에 스페인의 총선거가 시행되고 인민전선파가 승리하여 1936년 2월 19일 에스빠냐 제2공화국의 인민전선 정부가 수립되었다. 그러나 같은 해 7월 17일, 공화국 수립에 반대한 프란시스꼬 프랑꼬Francisco Franco가 군부 반란을 일으켰다. 쿠데타 초기에는 군부 세력이 열세에 몰렸으나, 독일의 히틀러, 이탈리아의 무솔리니의 지원을 받아 낸 프랑꼬는 열세를 극복하며 전세를 뒤집었다. 러시아와 멕시코, 거기에 헤밍웨이와 조지 오웰 등 당시의 지식인들이 직접 참여한 의용군이 활약했지만, 조직적이고 체계화된 파시스트의 정규군에 맞서기에는 부족했다. 1936년 7월에 시작된 스페인 내전은 1938년 말 바르셀로나, 1939년 초 마드리드가 차례로 함락되면서 결국 반란군의 승리로 끝이 났다.

게르니까 폭격이 일어난 것은 한창 내전이 진행 중이던 1937년 4월 26일이었다. 프랑꼬를 지원하던 나치군은 이 작고 평화로웠던 게르니까에 43대의 폭격기를 투입했고, 불과 몇 분 만에 온 도시를 불바다로 만들었다. 공식적으로 1,654명이 사망, 889명이 부상을 입었다. 도시 전체 인구의 3분의 1가량이 죽거나 다친 셈이고, 건물의 80퍼센트 이상이 파괴된 끔찍한 현장이었다. 게르니까 폭격이 더욱 처참하고 훗날 세계적인 비난을 면치 못한 이유는 희생자의 대부분이 어린이와 여성이었기 때문이다. 과연 이 작은 시골 마을에 이 정도로 대대적인 폭격을 가할 필요가 있었을까. 당시에는 그 내막을 몰랐지만 훗날 그 검은 진실이 온 세상에 밝혀지면서 세상은 경악했다. 프랑꼬에게 있어서 민족주의가 강한 바스꼬 민족은 눈엣가시였다. 내전이 끝난 후에도 진정한 스페인의 통일을 이루려면 어떻게든 바스꼬의 세력을 약화시켜야 했다. 때마침 히틀러는 스페인 내전을 지원하면서 세계 정복이라는 야심을 품고 암암리에 제2차 세계대전을 준비하고 있었다. 또한, 그가 오랫동안 준비해 왔던 신무기들을 시험해 볼 장소가 필요했다. 이렇게 두 독재자의 의기투합으로 게르니까의 죄 없는 민간인들은 영문도 모른 채 처절한 죽음을 맞았다.

스페인 내전이 있던 당시 피카소는 프랑스에 있었고, 그는 내전과는 별개로 다른 고민이 하나 있었다. 1937년 파리에서 열릴 만국 박람회의 스페인관 벽화를 그려 달라는 의뢰를 받았고, 어떤 그림을 그릴지 쉽게 결정하지 못하고 있었다. 그때 신문을 통해 게르니까 참상을 접한 피카소는 오열했다. 주체할 수 없는 분노와 슬픔이 그의 붓을 움직이기 시작했다. 폭격이 있었던 날은 4월 26일. 피카소는 5월 1일부터 6월 4일까지 약 한 달에 걸쳐 무채색으로 뒤덮인 대작 「게르니까」를 완성했다.

파리의 만국 박람회에 참석한 사람들은 스페인관 입구에 있는 「게르니까」를 처음 보고 쉽게 발길을 돌리지 못했다고 한다. 비극성과 상징성으로 가득한 이 그림이 전체적으로 어두운 것은 평화가 없음을 의미한다. 배경에는 불타는 도시 게르니까가 있고, 하늘을 보며 두려움에 휩싸인 사람, 부러진 칼을 쥐고 쓰러진 시체 등이 그려져 있으며, 빨로마(paloma, 비둘기)를 포함해 세 마리의 동물도 보인다. 가장 눈에 띄는 것은 좌측에 죽은 아이를 안고 절규하는 여인. 폭격의 참상을 여실히 표현하고 있다. 피카소는 중앙 하단에 아주 작은 꽃을 그려 넣었는데, 이는 '생명'과 '희망'을 의미하는 것이 아닐까? 전쟁의 참혹함에도 꽃은 다시 핀다는 희망…….

　쑤마이아에서 게르니까까지는 차로 한 시간 정도 걸린다. 만약 다른 코스로 게르니까에 가고자 한다면 빌바오에서 가는 길이 훨씬 수월하다. 빌바오와 대략 30분 거리여서 반나절이면 충분히 다녀올 수 있다.

　시내 중심에 주차하고 시내 관광에 나섰다. 내가 본 게르니까는 스페인의 다른 도시들과 다를 게 없었고, 바스꼬 지방의 다른 도시들과 마찬가지로 여기저기에 맛있는 타파스 가게들이 가득했다. 길거리에 뛰어노는 순진한 바스꼬 아이들과 카페 앞에서 커피와 츄러스를 먹으며 수다를 떠는 주부들, 바스꼬 전통 모자를 쓰고 지나가는 할아버지. 그들은 여느 때와 같은 오후 시간을 보내고 있었다.

　80년 전의 그날도 이렇지 않았을까? 곧이어 닥칠 끔찍한 재앙에 대해서는 상상도 하지 못한 채 학교에서 공부하고, 시장에서 장을 보며 평범한 일상을 보냈을 게르니까 주민들의 모습이 떠오른다. 걸어서 10분이면 시내 어디든 갈 수 있는 아주 작은 게르니까에는 당시 수백 명의 목숨을 살린 방공호도 있고, 융단폭격으로부

| 시내 벽에 그려진 「게르니까」

터 살아남은 성당들과 의사당 등을 볼 수 있다.

시내를 걷다 보면 어느 담벼락에 그려진 피카소의 「게르니까」를 볼 수 있다. 난 한참을 서서 그림을 감상했다. 내가 이 그림을 처음 본 곳은 마드리드에 있는 레이나 소피아 국립 미술관이었다. 소피아 미술관에는 「게르니까」 원본이 있는데, 비록 복사본이지만 게르니까에서 보는 「게르니까」 그림은 또 다른 느낌과 또 다른 의미로 다가왔다. 스페인 내전 당시 기자들은 지면을 통해 게르니까의 참상을 세상에 알렸고, 피카소는 자신의 그림을 통해 프랑꼬 정권의 잔혹함을 표현했다. 만국박람회가 끝난 후 피카소는 프랑꼬의 독재에 항거하는 의미로 「게르니까」를 고국이 아닌 뉴욕 근대 미술관으로 보냈다. 프랑꼬의 독재가 종료되면 다시 스페인으로 귀환해야 한다는 전제조건과 함께 무기한 대여 방식을 취했다. 1975년 프랑꼬가 사망하자 「게르니까」는 귀환 절차에 들어갔고, 44년 만인 1981년에 처음으로 고국 땅으로 돌아왔다.

CHAPTER 18. 스페인에서 가장 아름다운 전망대, 산 후안 데 가스뗄루가체

스페인에서 가장 유명한 서핑지가 어디냐는 질문은 대답하기 상당히 어렵다. 너무나도 많기 때문이다. 바르셀로나에서 알리깐떼까지 이어지는 해안선에도 서핑지가 넘쳐 나고, 마요르까 섬이나 그란 까나리아 제도의 포르멘떼라Formentera 섬에도 제법 훌륭한 서핑지가 많다. 스페인에서 서핑을 즐기기에 가장 좋은 시기는 보통 9월에서 10월인데, 스페인 남부 안달루시아 지방의 경우는 12월까지도 서핑이 가능할 정도로 기후가 온난하다. 북부 지방은 갈리시아 지방부터 시작해서 아스뚜리아스, 깐따브리아Cantabria, 바스꼬 지방까지 서핑지가 정말 많다.

게르니까에서 빠끼오Pakio로 가는 길에 잠깐 들린 문다까는 바스꼬 지방에서 가장 유명한 서핑지 중의 한 곳이다. 오후 시간, 인구 2천만의 작은 도시 문다까 시내는 지나다니는 사람들이 별로 없다. 씨에스따 시간이 훨씬 지났는데도 사람들이 다 어디 갔는지 거리는 텅 비어 있고 모퉁이의 작은 바 앞에서 타파스를 먹으며 노닥거리는 동네 아저씨 몇몇이 눈에 띌 뿐이다. 그런데 시내를 지나 해변에 나가 보니 마을 청년들이 모두 여기에 모인 듯, 어림잡아 백 명도 훨씬 더 되어 보이는 사람들이 신나게 서핑을 즐기고 있었다. 잠시 해변에 앉아 구경하다가 다음 장소로 이동했다.

빠끼오까지 가려면 부지런히 움직여야 했다. 어제 만난 발렌시아 친구들의 정보에 의하면 빠끼오에 있는 산 후안 데 가스뗄루가체San Juan Gastelugatxe는 스페인에서 가장 아름다운 미라도르Mirador, 전망대 1위에 뽑힌 곳이다. 차를 세워 놓고 전망대까지 걸어갔다 돌아오는 데 꼬박 한 시간은 걸리니 너무 늦게 도착하지 말라는 조언 덕에 여행 동선을 짜는 데에 큰 도움이 됐다. 전망대는 빠끼오 시내 중심에서 차로 10분 거리에 있다. 우선은 점심을 먹기 위해 빠끼오 시내로 갔다. 해변 바로 앞에 있는 식당 비르힐란다Birjilanda에는 앞치마를 두른 주인아주머니가 서빙을 하고 있었다.

야외 테이블까지 손님으로 가득 찬 점심시간에 혼자서 이리 뛰고 저리 뛰며 분주히 움직이는 아주머니를 보며 과연 여기서 점심을 무사히 먹을 수 있을까 하고 잠시 고민하는데 아주머니가 내게 다가와 인사를 건넨다.

"조금만 기다려요. 금방 맛있는 식사를 가져올 테니."

음식은 아주머니가 다녀간 후에도 한참이 지나서 나왔다. 아주머니는 미안했는지 와인 한 잔을 공짜로 가져다줬다.

"빠끼오는 차꼴리Txakoli로 유명한 곳이에요. 인구는 3천 명도 안 되지만 와이너리는 무려 네 개나 된답니다. 그뿐만이 아니에요. 빠끼오의 토마토와 레몬, 아스파라거스는 아주 끝내줘요."

차꼴리는 바스꼬 지방과 깐따브리아 등지에서 생산되는 화이트 와인을 총칭하는 말이다. 아주머니는 본인이 마치 빠끼오의 홍보대사라도 된 듯 신이 났다. 내가 관심을 보이자 바에 있는 와인을 모두 가지고 나와서 직접 보여 줬다. 전부 다 빠끼오에서 생산되는 와인이라고 한다. 이 작은 도시가 스페인뿐만 아니라 국외 시장까지 개척하며

| 비르힐란다 주인아주머니

이 정도 규모의 와인 산업을 이끌고 있다는 것이 놀라울 뿐이다.

아주머니의 빠끼오 사랑이 가득한 차꼴리 한 잔과 해산물 요리를 맛있게 먹고 가스뗄루가체 전망대로 향했다. 빠끼오 시내에서 10분 정도면 전망대 주차장에 도착하고, 거기서부터는 도보로 이동한다. 가스뗄루가체는 바스꼬어로 '울퉁불퉁한 바위의 성'이라는 뜻에서 비롯된 말이다. 지금은 고요한 바닷가이지만 이곳이 위치적으로 요충지였던 탓에 18세기에는 위그노와 영국군의 침입이 있었고, 스페인 내전 때는 바로 옆에 있는 마치차꼬Matxitxako에서 치열한 전투가 벌어지기도 했다.

전망대에서 바라보는 바다의 경치도 아름답지만, 전망대까지 걸어가는 길이 무척이나 인상적이다. 231개의 돌계단을 오르는 동안 좌우 양쪽에서 강한 파도가 나를 향해 힘껏 돌진한다. 다리를 왜 이렇게 높게 만들었는지 알겠다. 다리 높이가 낮았다면 거센 파도에 옷이 다 젖을 수도 있을 것 같다. 이 아름다운 다리는 론다의 누에보 다리와 함께 스페인에서 가장 유명한 다리로 꼽힌다.

전망대에 다다르면 탄성이 절로 나온다. 사방을 둘러싼 푸른빛의 바다와 탁 트인 하늘. 형용할 수 없이 아름다운 대자연 앞에서 내내 가슴이 뭉클했다. 이처럼 멋진 경치를 볼 수 있게 해준 발렌시아 친구들이 떠오른다. 만약에 내가 사진만 찍어 주고 "아디오스~" 하며 자리를 옮겼다면 난 그들과 친구가 될 수 있었을까? 이곳에 서니 오랜 여행으로 조금은 지친 심신이 힐링되는 듯하다. 다시 힘을 내어 본다.

| 가스뗄루가체 전망대에서 바라본 바다 경치

CHAPTER 19. 건축가의 도시 빌바오에 가다

산 세바스띠안이 미식가의 도시라면 빌바오는 건축가의 도시이다. 프랭크 게리 Frank Gehry, 노먼 포스터 Norman Foster, 필립 스탁 Philippe Starck 등 이름만 들어도 고개를 끄덕이게 되는 거장들이 이곳 빌바오에 위대한 건축물을 남겼다. 이들뿐만이 아니다. 스페인 출신의 세계적인 건축가 산띠아고 깔라뜨라바 Santiago Calatrava, 꼴 바레우 Juan Coll-Barreu, 알베르또 빨라시오 Alberto Palacio의 작품도 빌바오에서 한꺼번에 볼 수 있다.

사실 1980년대의 빌바오는 지금과 많이 달랐다. 볼품없는 공업 도시에 불과했으며, 시내는 활기를 잃어 가고 있었다. 그러나 그 당시 유럽에 미술관을 지을 계획에 있던 구겐하임 Guggenheim 재단과 어떻게든 빌바오를 미래도시로 탈바꿈시키겠다는 빌바오 시의 지도자들이 서로 의기투합했고, 그 결과물로 1997년 빌바오의 네르비온 Nervión 강변에 구겐하임 미술관이 탄생했다. 총 공사비만 1억 달러. 초대형 프로젝트였다. 가치 있는 예술품들을 전시하는 전시장 자체도 예술이어야 한다는 구겐하임 재단의 의도대로 구겐하임 미술관은 빌바오를 방문하는 관광객들의 마음을 사로잡았고, 지금은 빌바오의 상징이 되었다.

내가 본 구겐하임 미술관의 첫인상은 놀라움을 넘어 충격이었다. 어마어마한 규모에 압도당하는 건 둘째고, 빛을 받아 반짝이는 황홀한 은빛 자태에 먼저 감탄했다. 마치 물살을 가르며 힘껏 헤엄치는 물고기처럼 역동적이고 원초적인 몸부림이 머릿속에 그려진다. 주변을 걸으면서 미술관을 보면 색이 계속해서 변하는 것을 알게 된다. 신기하게도 변하는 색처럼 미술관의 모양도 변한다. 시내 중심에서 연결되는 미술관 입구에는 빌바오 시민들에게 특별한 사랑을 받는 강아지 조형물 퍼피 Puppy가 있고 반대쪽 강변에는 청동 거미 조각상 마망 Maman이 있다. 특히 강 건너

강 건너편에서 바라본 구겐하임 미술관. 청동 거미 조각상도 보인다.

미술관 입구의 퍼피

편에서 보는 미술관의 야경은 절대로 놓치면 안 되는 베스트 포토존.

"프로처럼 배우고, 아티스트답게 규칙을 깨라Learn the rules like a pro, So you can break them like an artist."

피카소가 한 말이다. 구겐하임 미술관을 조금 더 자세히 보고 난 후, 피카소의 이 명언이 떠올랐다. 기존의 규칙을 깨는 예술가의 창조성을 강조한 내용이지만, 이 짧은 문장 속에는 위대한 창조를 위해서는 무엇보다도 기본에 충실해야 한다는 뜻도 내포되어 있다. 구겐하임 미술관의 독특한 디자인은 모든 규칙을 무시한 듯 보이지만 실제로 여기에는 놀라운 기술력이 숨어 있다. 건축에 있어 캐드 설계도는 지금이야 일반적이지만 당시에는 혁명에 가까웠다. 구겐하임 미술관은 비행기나 자동차 설계에서나 사용되었던 캐드를 건축에 도입한 최초의 건축물이다. 프랭크 게리의 초기 설계도에는 지금과 같이 건물의 곡선이 두드러지지는 않았는데, 하중을 고르게 분산시키기 위해 가장 적당한 각도를 찾으면서 모양이 조금 변경되었다.

마치 물고기의 비늘처럼 보이는 수백 개의 타이타늄 조각들은 강철보다 더 튼튼하면서도 가볍다. 타이타늄은 바닷물에도 부식되지 않아 구소련 잠수함에 사용되기도 했는데, 이 타이타늄이 공기에 노출되면서 산소에 의해 형성되는 산화 타이타늄막이 미술관을 더욱 견고하게 지탱해 준다. 수백 개의 타이타늄을 연결하는 데 사용된 못의 개수는 자그마치 26만4천 개였는데, 타이타늄과 못의 틈을 막기 위해 아스팔트의 주원료인 정제된 역청을 사용했다. 이뿐만이 아니다. 철골에 콘크리트를 섞은 광물 섬유를 덧입혀 화재가 몇 시간 지속되더라도 건물 자체가 무너져 내리지 않도록 했다. 직접 와서 보니 "구겐하임 미술관은 내부에 전시된 미술품보다 미술관이 더 유명하다"라는 말이 실감된다.

그저 무작정 걷는 것이 어쩌면 빌바오를 가장 잘 보는 방법일 것이다. 지도도, 정해진 동선도 없이 그냥 걷다 보면 도시 곳곳에 숨어 있는 예술품들을 우연히 발견하게 된다. 시내 한쪽에는 둥그런 모양의 이상한 건축물이 있는데, 세계적인 영국의 건축가 노먼 포스터가 설계한 빌바오 지하철의 입구이다. 노먼 포스터는 최근 우리나라의 한국타이어 테크노돔을 설계하기도 했다. 어떤 이는 외계 지렁이같이 생긴 이 지하철 입구가 빌바오 시내와는 도무지 어울리지 않는다고 혹평하고, 또 어떤 이는 빌바오와 잘 어울리는 매우 창의적이고 신비로운 건축물이라고 극찬한다. 빌바오 지하철은 마드리드와 바르셀로나, 발렌시아에 이어 스페인에서 네 번째로 개통된 지하철이다. 지하철을 이용하지 않더라도 저 지렁이 속으로 들어가 내부를 구경해 보는 것도 즐거운 관광이 될 것이다.

또 한 번 발길을 멈추고 한참을 멍하게 바라본 건물은 바스꼬 보건부 청사 건물. 스페인의 건축가인 꼴 바레우가 설계한 이 건물은 그의 대표작이다. 외관에 비친 주변 건물들의 모습이 묘하게 어울린다. 저런 멋진 예술품 안에서 일을 하면 기분이 어떨까?

보건부 건물 가까이에는 빌바오 시민을 위한 문화 레저 센터인 아스꾸나 쎈뜨로아Azkuna Zentroa가 있다. 오랜 기간 와인 등을 보관하는 창고로 쓰였던 이 건물은 2010년에 프랑스 출신의 디자이너 필립 스탁이 내부 인테리어를 통째로 뜯어고쳤고, 지금은 극장, 도서관, 헬스장, 수영장 등이 운영되고 있다. 건물의 이름도 예전에는 알혼디가Alhondiga였는데, 2015년에 지금의 이름으로 바뀌었다.

내부에 들어가 보면 제일 먼저 눈에 띄는 것이 있다. 건물을 지탱하고 있는 수십 개의 기둥이다. 똑같은 디자인은 하나도 없다. 모두가 다른 디자인과 장식으로 꿋꿋이 건물을 떠받치고 있다. 고개를 들면 유리로 된 천장이 보이는데 그 위가 바로 수영장이다. 유리 천장을 통해 수영을 즐기는 빌바오 시민들이 보인다.

| 빌바오 지하철 입구

| 보건부 청사 건물

건물 중앙에 관광 안내소가 있고, 한쪽에는 예쁜 카페가 있다. 이 건물에 와보니 빌바오 시민들이 부러워진다. '여기서 꼭 한번 살아 보고 싶다'라는 생각이 들 정도로.

파리 에펠탑은 세계 곳곳에 많은 아류작을 남겼는데 그중 하나가 빌바오에 있다. 빌바오 시내에서 해변으로 20분 정도 가면 비스까야 다리 Puente Colgante de Bizkaia가 나온다. 빌바오에 왔다면 꼭 가봐야 하는 곳. 세계 최초의 곤돌라 운반교. 에펠의 제자인 알베르토 팔라시오 Alberto Palacio의 작품인데, 그는 마드리드의 아토차 역을 설계한 건축가로도 유명하다. 비스까야 다리는 건축계의 보물이자 토목 공학이 이루어 낸 혁신적인 작품으로 평가받는다. 다리 꼭대기에 있는 곤돌라로 사람과 차량을 운반한다. 높은 구조로 만든 이유는 대형 선박들이 자유롭게 오갈 수 있도록 하려는 방편이다. 다리를 지탱하는 양쪽의 두 기둥에는 엘리베이터가 있어서 50미터 높이의 다리 위를 걸어서도 건너갈 수 있다. 다리를 건너며 빌바오 항의 멋

| 아스꾸나 쎈뜨로아 내부의 기둥

| 비스까야 다리

스페인, 마음에 닿다

진 전경을 감상해 보면 아마도 빌바오가 더 좋아질 것이다.

건축 잡지에서나 보던 유명 건축물들을 직접 볼 수 있다는 것도 놀랍지만, 더 놀라운 것은 인구가 겨우 35만밖에 안 되는 빌바오가 이 정도의 스케일을 갖추고 있다는 사실이다. 인구 수백만 이상의 대도시에서나 가능할 것 같은 미래형 건축도시가 이 작은 도시 빌바오에 실현된 것은 시민 모두의 노력과 꿈이 있었기에 가능했다. 우리에게 많은 교훈을 주는 빌바오는 한 건축물이 도시 전체에 미치는 영향이나 현상을 일컫는 '빌바오 효과'라는 신조어를 만들어 냈다. 규모는 작더라도 자기만의 개성과 강점으로 맘껏 멋을 낸 제2의 빌바오 도시들이 탄생하는 날을 기대해 본다. 산띠아고 깔라뜨라바의 대표작 쑤비쑤리^{Zubizuri} 다리 위로 보이는 파란 하늘이 참 스페인스럽다고 생각했다.

| 쑤비쑤리 다리

CHAPTER 20. 스페인 최고급 호텔 '마르께스 데 리스깔'

빌바오의 구겐하임 미술관과 흡사한 모양의 건축물이 스페인에 또 하나 있다는 사실은 스페인에서도 모르는 사람이 많다. 빌바오에서 남쪽으로 한 시간 반 정도 거리에 있는 스페인 최대 와인 산지인 라 리오하La Rioja 지방의 소도시 엘씨에고Elciego. 이 작은 도시에 세계적인 와이너리인 마르께스 데 리스깔Marques de Riscal이 있고, 와이너리 안에는 스페인에서 최고급 호텔로 꼽히는 마르께스 데 리스깔 호텔이 있다. 이 호텔에 대해서는 익히 알고 있었으나 숙박비가 너무 비싸서 엄두도 내지 못했는데 실제로 빌바오의 구겐하임 미술관을 보고 나니 '저렇게 생긴 호텔에서 한번 자보고 싶다'는 간절한 바람이 생겼다. 원래 계획은 빌바오에서 산딴데르Santander로 곧바로 이동하는 코스였으나, 나는 과감히 하루를 통째로 투자해서 엘씨에고로 갔다.

마르께스 데 리스깔 와이너리는 1858년에 설립되었고, 스페인에서 보르도 양조 기법을 최초로 도입한 와이너리이다. 마르께스 데 리스깔이 단번에 세계적인 와이너리 반열에 올라선 것은 1895년 프랑스 보르도에서였다. 이곳에서 열린 블라인드 테이스팅에서 프랑스의 와인들을 모두 제치고 최고의 영예를 차지한 것. 당시에 보르도에서 비非프랑스 와인이 수상한 것은 커다란 이슈였다.

구겐하임 미술관의 공사를 마친 프랭크 게리는 마르께스 데 리스깔 와이너리 주주들에게 초대받아 호텔 건축 제의를 받았다. 그러나 대형 프로젝트만을 진행했던 게리는 호텔 건축이 자신과 어울리지 않는다고 판단했는지 처음에는 제안을 거절했다고 한다. 게리의 마음을 바꾼 것은 와인 한 병이었다. 이날 와이너리 경영

진들은 게리가 태어난 1929년 빈티지 와인을 오픈했고, 이에 감동한 게리는 호텔 건축을 승낙했다. 거짓말 같은 이 이야기는 2006년 스페인의 국왕 까를로스 1세까지 참여했던 성대한 호텔 개관식이 있고 나서 세상에 알려졌다.

 와이너리에 도착해서 안쪽으로 조금 더 들어가니 호텔이 정면에서 나를 맞이했다. 인간이 만들 수 있는 가장 아름다운 건축물이 있다면 바로 이 호텔이 아닐까. 구겐하임 미술관과는 또 다른 느낌이다. 지붕의 곡선은 더 역동적이고 자유로운 형태를 보이고 있다. 분명 구겐하임 미술관과 닮았는데 세상에서 처음 본 듯한 신선함이 있다. 구겐하임 미술관을 연상케 하면서도 이 건물만의 새로움과 신선함이 경이롭다. 구겐하임 미술관이 힘찬 남성의 이미지라면 마르께스 데 리스깔 호텔은 섬세한 여성에 가깝다.

 게리는 파도처럼 넘실거리는 지붕을 통해 플라멩꼬를 추는 무희의 치맛자락을

| 마르께스 데 리스깔 호텔 전경

표현했다. 은색은 와인 라벨을, 금색은 와인병을 둘러싼 와이어를, 보라색은 레드 와인을 의미한다. 호텔 건물 자체를 마르께스 데 리스깔 와인처럼 형상화한 것이다. 내 앞에 보이는 이 예술품이 정말 실체일까 하는 의심이 들 정도로 몽환적인 요소까지 품고 있는 이 호텔은 진정 프랭크 게리의 역작이라 할 수 있겠다.

호텔에 들어서니 프런트 담당자 까실라가 나를 반긴다. 내가 특별한 대우를 받고 있다는 생각이 들 정도로 친절했다. 체크인을 마치자 까실라는 나를 객실로 직접 안내했다. 보통 호텔의 경우는 키를 주면서 객실로 가는 방향만 안내해 주는데, 까실라는 객실 안까지 안내하며 호텔 소개를 이어 갔다. 건물 정중앙에 있는 전망 좋은 객실에 들어서니 예쁜 와인 한 병이 눈에 띈다. 마르께스 데 리스깔에서 생산되는 뗌쁘라니요 Tempranillo 품종의 레드 와인.

"객실 내부도 프랭크 게리가 직접 디자인했어요. 가구 선택과 배치까지도 전부 게리가 총괄했죠. 내부 인테리어는 알바 알토 Alvar Aalto 로부터 많은 영감을 받았다고

스페인, 마음에 닿다

해요."

나도 몰랐던 사실인데, 캐나다에서 태어난 프랭크 게리는 열여섯 살 때 한 건축 강좌에서 처음으로 알바 알토를 만났고, 그때 자신도 건축가가 되겠다고 결심했다고 한다. 객실 안에 짐을 놓고 그녀와 함께 호텔 전 층을 다 다니며 간단한 호텔 투어를 했다. 1층은 로비와 바가 있고 2층은 객실, 3층은 레스토랑, 4층에는 도서관과 라운지가 있다.

이 건물에는 객실이 단 열네 개뿐이다. 2층에 다른 건물로 연결되는 통로가 있는데 그곳에는 약 서른 개 정도의 객실이 더 있고, 1층에는 스파와 피트니스 시설이 갖춰져 있다. 3층에 있는 레스토랑은 미슐랭 1스타를 받은 곳이다. 스페인에 살면서 자주는 못 가겠지만, 꼭 한번은 미슐랭 스타 레스토랑에서 식사하고 싶었는데 오늘이 바로 그날이 됐다. 디너 풀코스에는 열한 가지 코스요리가 나온다. 크로켓 요리로 수차례 수상한 경력이 있는 레스토랑답게 다른 곳에서는 맛볼 수 없는 훌륭한 크로켓부터 시작해 말로만 듣던 분자요리가 줄줄이 등장한다. 특히 스페인의 대표 음식 중 하나인 감바스 알 아히요 Gambas al Ajillo는 깊은 마늘 향을 내며 투박하면서도 동시에 섬세한 맛이 느껴진다.

| 웃는 얼굴로 프런트를 지키는 까실라

| 호텔 객실

객실에서 제공받은 레드 와인을 한 잔 맛보고 난 뒤에서 이번에는 소비뇽 블랑Sauvignon Blanc 품종의 화이트 와인을 주문했다. 20유로 가격대에 이런 와인을 먹을 수 있다는 것이 놀라울 뿐이다. 예전에는 스페인 와인이라면 값싼 테이블 와인 정도로 인식되었지만, 지금은 그 위상이 많이 달라졌다. 스페인의 와인 산지는 전국에 분포되어 있는데 그중에서도 에브로Ebro 강을 끼고 있는 리오하 지역과 두에로Duero 강을 끼고 있는 리베라 델 두에로 지역에서 생산되는 와인은 최고의 품질을 자랑한다.

스페인 와인은 숙성 기간에 따라 보통 네 가지로 분류하는데 총 60개월 숙성, 최소 24개월 오크통 숙성의 기준에 부합하면 그란 레쎄르바Gran Reserva 등급을 부여한다. 그 밑 단계인 레쎄르바Reserva는 총 48개월 숙성, 끄리안싸Crianza는 총 36개월 숙성, 가장 밑 단계인 호벤Joven은 숙성을 거의 하지 않은 와인이다. 긴 숙성을 거친 와인이 맛도 부드럽고 복잡 미묘한 향을 내는 것이 사실이다. 스페인에 있는 슈퍼마켓에 가서 대략 12~20유로 수준의 와인을 고르면 고품질의 레쎄르바 와인을 맛볼 수 있다.

디저트까지 열네 개의 접시가 하나씩 나올 때마다 웨이터가 요리의 이름과 먹는 방법을 설명해 준다. 마치 '특별한 호텔에 온 당신도 특별합니다'라고 말하듯 이 호텔에 있는 모든 것이 나를 특별하고 또 귀하게 대해 준다. 꿈 같았던 오늘의 각별한 체험은 나에게 커다란 도전이 되었다. 어떤 일을 하건 고객에게 감동을 줄 수 있다는 것이 그 자체로 얼마나 가치 있는 일인가. 언젠가 내가 사랑하는 사람들과 이곳에 다시 올 날을 위해 난 더욱 열심히 이 아름다운 세상을 살아갈 것 같다.

Part 6

천혜의 자연환경,
깐따브리아와 아스뚜리아스

깐따브리아와 아스뚜리아스
CANTABRIA & ASTURIAS

깐따브리아 지방과 아스뚜리아스 지방 두 곳 모두 스페인의 17개 자치 지방 중 하나이다. 비스케이 만 앞에 나란히 마주한 두 지방은 깐따브리아 산맥을 끼고 있으며, 지리적, 문화적으로 매우 가깝다. 깐따브리아는 동쪽으로는 바스꼬 지방과 접하고 서쪽으로는 아스뚜리아스 지방, 남쪽으로는 까스띠야 이 레온 지방과 만난다.

깐따브리아의 주도는 산딴데르이며, 아름다운 해변과 세계적인 은행그룹 방꼬 산딴데르Banco Santander의 본사가 있는 곳으로 유명하다. 주요 산업은 농업과 수산업이며, 깐따브리아의 보께로네Boquerone는 세계적으로 사랑받는 음식이다. 또한 스페인을 여행하면서 한 번쯤 마셔 봤을 시드라의 본고장이 바로 아스뚜리아스이다.

8세기 초부터 10세기 초까지 존재했던 아스뚜리아스 왕국은 이베리아 전역이 이슬람에 지배당할 당시 이슬람의 공격을 막아 내고 국토 회복 운동의 중심지가 되었던 곳이다. 아스뚜리아스는 자연이 아름답기로 유명하며, 과다미아Guadamía 해변 등 해수욕하기에 좋은 해변이 곳곳에 많다.

마드리드에서 산딴데르까지는 기차로 4시간 10분, 자가용으로도 대략 4시간 정도 소요된다. 이베리아 항공에서 마드리드-산딴데르 직항 편을 매일 운항한다. 깐따브리아와 아스뚜리아스는 렌터카 여행이 필수이다. 산띠야나 델 마르나 꼬미야스Comillas 등은 버스로도 충분히 이동할 수 있지만, 삐꼬스 데 에우로빠와 꼬바동가 근처에 있는 호수들을 관광하려면 자동차로만 접근할 수 있다. 산딴데르에 특별한 목적이 없다면 과감히 패스하고 30분 거리에 위치한 산띠야나 델 마르로 직행하는 것도 괜찮다. 이어서 20분 정도 서쪽으로 달리면 가우디의 초기작 「엘 까쁘리쵸 데 가우디El Capricho de Gaudí」가 있는 꼬미야스에 다다른다. 삐꼬스 데 에우로빠의 웅장한 자태를 감상할 수 있는 푸엔떼 데Fuente Dé로 가려면 그 전에 뽀떼스Potes를 꼭 거쳐야 하는데 다시 돌아 나와야 하는 코스지만 가볼 만한 가치가 있다.

하이라이트

- 산띠야나 델 마르와 알따미라 박물관 방문
- 꼬미야스, 레온, 아스또르가에 있는 가우디의 초기작 감상
- 부포네스 데 쁘리아 가보기
- 꼬바동가에서 출발하는 호수 트레킹과 삐꼬스 데 에우로빠로 가는 케이블카 타기

CHAPER 21. 중세의 흔적을 고스란히 보존한 산띠야나 델 마르

앞에서 언급한 헤밍웨이의 『누구를 위하여 좋은 울리나』와 피카소의 「게르니까」 이외에 프랑스의 철학자이자 소설가인 사르트르Jean Paul Sartre의 첫 장편소설 『벽』도 스페인 내전을 배경으로 하고 있다. 이 소설은 프랑꼬 군부의 반란에 반대하는 인민 정부 세력에 가담한 파블로 이비에타의 이야기를 담은 소설이다. 스페인을 유독 사랑했던 사르트르는 이곳 산띠야나 델 마르를 스페인에서 제일 아름다운 곳이라고 극찬했다.

마을 앞에 도착하니 뻬레네의 작은 마을 아인사에서 본 것과 같은 '스페인에서 제일 예쁜 마을 중 하나'라는 푯말이 세워져 있다. 이 마을의 원래 이름은 Santa y Llana였다. 스페인어로 'Santa'는 '성스러운', 'Llana'는 '평탄한', 'y'는 '그리고'라는 뜻이다. 마을 이름은 세월이 지나면서 조금씩 변형되어 1453년에는 Santillana, 그 후에 지금의 Santillana del Mar가 되었다. 이 마을의 별명은 '세 가지 거짓말 마을'이다. 산띠야나 델 마르라는 이름과 달리 성스럽지도santa 않고, 평평하지도llana 않으며, 바다mar도 없기 때문이다.

보물 같은 구시가지에는 오래된 집과 건물들의 보존을 위해 외부 차량을 엄격히 통제하고 있다. 빠라도르스페인 국영 호텔를 비롯한 구시가지 몇 개 호텔의 투숙객 정도만 마을 안에 주차할 수 있다. 산띠야나 델 마르는 산띠아고 순례길의 북쪽 길이 지나가는 곳으로, 골목을 돌아다니다 보면 마치 중세 시대로 돌아간 것 같은 묘한 느낌이 든다. 한 건물 벽에는 순례길 방향 표시가 있고, 지팡이와 조개껍데기 등 순례자를 위한 물품을 판매하는 상점도 보인다. 마을 안에는 박물관과 예쁜 상점이 많으며, 깐따브리아의 질 좋은 치즈를 판매하는 슈퍼마켓도 하나 있다. 알따미라 박물관을 보러 왔다가 무심코 이 마을에 도착한 관광객들은 기대하지 않았던 선물을 받은 아이처럼 행복해하기도 한다. 여기서부터 알따미라 박물관까지는 2킬로미터. 걸어가기에는 조금 먼 거리다.

야속하게도 지금 알따미라 동굴 벽화를 보는 것은 거의 불가능하다. 추첨을 통해 일주일에 다섯 명만 입장이 가능하기 때문이다. 1879년에 동굴이 처음 발견된 이후로 많은 사람이 이곳을 찾았는데, 관광객들이 내뿜는 이산화탄소와 체열로 벽화 일부가 훼손되는 바람에 1977년에는 동굴 개방을 일시 중단했다. 그 이후로 문을 열고 닫고를 반복하다가 2001년에 동굴 벽화 복제품을 만들어 박물관에 전시하기 시작했다.

알따미라 유적은 세계에서 제일 오래된 구석기 동굴 벽화이다. 높은 완성도와 풍부한 색채는 구석기 시대의 작품이라고는 믿어지지 않을 정도로 정교하다. 그토록 오랜 세월을 거치면서 어떻게 지금처럼 잘 보존될 수 있었을까? 그 비결은 지진에 있었다. 대략 1만3천 년 전에 일어난 지진으로 동굴 입구가 막히면서 세상과 차단되었기 때문이다.

수천 년간 잠들어 있던 유적을 깨운 것은 변호사이자 아마추어 고고학자 사우뚜올라Marcelino Sanz de Sautuola였다. 1879년, 그는 여덟 살 된 어린 딸 마리아María를 데리고 동굴 탐사에 나섰다가 호기심에 가득 찬 딸의 외침을 듣게 된다.

"아빠! 소 그림 좀 봐!¡Mira, papá! ¡Bueyes pintados!"

여덟 살 꼬마의 발견으로 구석기 시대의 동굴 벽화가 세상에 알려졌다. 그러나 사우뚜올라의 시련은 그때부터 시작되었다. 소식을 듣고 동굴로 모여든 고고학자들은 벽화의 그림을 가짜라고 판명했으며, 심지어는 사우뚜올라를 사기죄로 고소

하는 일까지 벌어졌다. 벽화가 너무나도 정교하고 완성도가 높았던 탓에 오히려 가짜로 의심받은 것이다. 훗날 프랑스 등지에서 유사한 선사시대 유물들이 발견되고 나서야 알따미라 동굴 벽화가 18,500~14,000년 전에 그려진 구석기 시대의 유물임이 인정됐다. 그러나 이는 1902년의 일로, 이미 사우뚜올라가 세상을 떠난 후였다. 고고학회는 정식으로 실수를 인정하며 고인이 된 사우뚜올라에게 존경을 표했다.

박물관의 입장료는 3유로. 나는 일요일에 박물관에 갔는데, 알고 보니 토요일 오후 2시 이후부터 일요일은 무료입장이었다. 매표소에서는 입장권과 함께 복제 동굴의 입장 시간이 적힌 카드도 준다. 비록 복제된 벽화지만 입장에는 제한이 있다. 게다가 사진 촬영까지 전면 금지. 어렵게 찾아온 여행자에게는 좀 섭섭한 마음이 드는 순간이다. 그러나 복제 동굴을 보고 나면 섭섭했던 마음이 조금은 풀린다. 비록 진짜 선사시대의 벽화는 아니지만 복제 수준이 훌륭해서 마치 진품을 보는 듯한 착각에 빠지기도 한다.

매표소에서 알려 준 시간에 맞춰서 복제 동굴입구에 가면 우선 5분짜리 짧은 동영상을 본 후 안으로 들어가게 된다. 책에서만 봐 왔던 소와 말, 사슴의 그림을 벽화의 형태로 보니 느낌이 퍽 새롭다. 그림 앞에는 어떤 방식으로 그림이 그려졌는지 알려 주는 동영상이 재생되고 있었다. 숯이나 황토 등 자연염료를 이용하여 그리는 모습이 그저 신기했다.

30분 정도 동굴 벽화를 감상하고 나면 인류 박물관으로 이어진다. 구석기 시대의 유적들이 매우 잘 진열되어 있다. 알따미라 박물관은 아이들과 함께 방문하기에 아주 좋은 관광지이다.

01-02. 산띠야나 델 마르 마을
03. 알따미라 동굴 입구
04-05. 알따미라 박물관 건물과 내부 모습

스페인, 마음에 닿다

CHAPTER 22. 청년 가우디를 만나는 곳, 꼬미야스

바르셀로나를 가우디의 도시라고 부를 만큼 가우디의 작품 대부분은 바르셀로나에 있다. 가우디가 바르셀로나가 있는 까딸루냐 지방 말고 다른 지역에 건축한 작품은 딱 세 개뿐인데, 각각 꼬미야스, 레온, 아스또르가Astorga에 있다. 다행히 이 세 도시가 서로 가까운 곳에 위치한 덕에 이번 여행에서 한꺼번에 감상할 수 있었다.

꼬미야스는 알따미라 박물관에서 차로 20분이면 도착한다. 꼬미야스에는 소브레야노 궁전Palacio de Sobrellano과 뽄띠피깔Pontifical 대학 등 가볼 만한 건축물들이 많지만, 그래도 많은 관광객이 이곳을 찾는 주된 목적은 가우디의 초기작인 「엘 까쁘리쵸 데 가우디」를 보기 위해서다.

바르셀로나에서 꼬미야스는 가까운 거리가 아니다. 자동차로 쉬지 않고 운전해도 7시간이 훌쩍 넘어간다. 그렇다면 가우디는 어떻게 이 먼 곳에 자신의 작품을 남기게 되었을까? 그 이유는 그의 후원자 구엘과 연관이 있다.

「엘 까쁘리쵸 데 가우디」를 의뢰한 사람은 꼬미야스 출신의 안또니오Antonio López y López이다. 그는 꼬미야스의 첫 번째 후작marqués, 귀족의 작위 중 하나이자 구엘의 장인이다. 꼬미야스에서 태어나 바르셀로나에서 사망한 안또니오는 열네 살에 부모님을 따라 쿠바로 이민을 갔고 그곳에서 선박업과 무역으로 큰돈을 벌게 된다. 이후 다시 스페인으로 돌아오는데 그곳이 바르셀로나였고, 1871년에 그의 딸 이사벨이 구엘과 결혼했다.

안또니오는 꼬미야스에 있는 처남 막심 디아스 데 끼하노Maxim Diaz de Quijano가 특별한 별장을 짓기 원한다는 소식을 듣고, 가족들과 논의하던 중 사위 구엘에게 가우디를 소개받는다. 가우디가 바르셀로나 건축학교를 졸업한 것이 1878년이고 구엘을 통해 끼하노의 별장 건축을 의뢰받은 것이 1882년이었으니, 구엘이 가우디를 얼마나 믿고 신뢰했는지 짐작할 수 있다. 가우디의 나이 서른한 살인 1883년부터 1885년까지 3년에 걸쳐 이 작품이 완성되었다.

가우디의 작품을 1890년을 경계로 1기와 2기로 구분할 때 「엘 까쁘리쵸 데 가우디」는 1기 중에서도 가장 초기 작품에 해당한다. 이 별장의 주인인 끼하노는 정작 이 별장이 완성되던 1885년에 사망하고, 「비야 끼하노Villa Quijano」였던 건물의 이름은 훗날 지금의 「엘 까쁘리쵸 데 가우디」로 바뀌었다.

매표소에서 5유로를 내고 입장권을 받았다. 매표소 직원에게 '까쁘리쵸'가 무슨 뜻이냐고 물어보니 조금 난감해한다.

"음…… 설명하기가 쉽지는 않은데요. 이것은 '반드시 필요한 것은 아닌데 꼭 소유하고 싶은 무엇', '가격은 매우 비싸지만 그렇다고 사치품이라고는 할 수 없는 것'이란 뜻이에요."

난감해한 것치고 설명이 꽤 훌륭하다. 내 뒤에 있던 미국인 관광객들도 한걸음 가까이 다가와 귀를 기울였다.

매표소를 지나면 바로 앞에 「엘 까쁘리쵸 데 가우디」가 보인다. 따스한 느낌의 주황색 벽돌과 차가운 느낌의 초록색 타일을 적절히 조합한 건물은 전체적인 색의 통일감이 인상적이다. 또한 포인트로 해바라기 문양의 타일을 덧입혀 마치 자연의 일부인 듯한 느낌을 준다. "건축도 자연의 일부여야 한다"는 가우디 자신의 철학을 증명하는 듯하다. 정원에서 작은 언덕 위에 오르면 별장 뒤로 꼬미야스 시내가 한눈에 들어온다.

「엘 까쁘리쵸 데 가우디」

1990년대 초반, 이 건물을 일본 기업인 미도Mido사가 인수해서 잠시 레스토랑으로 운영했었다고 하는데, 가우디가 후손들에게 남긴 유산이자 이처럼 훌륭한 건축물을 왜 일본 기업에 팔았는지 도무지 이해할 수가 없다. 그래서일까. 꼬미야스에는 유독 일본 관광객이 많다.

가우디에게는 너무 먼 곳이었던 꼬미야스. 구엘의 소개만으로 아무 연고도 없는 이곳에 별장을 건축하게 된 청년 가우디는 어떤 생각을 했을까. 돈 있는 사람들을 위한 건물을 지으면서 먼 훗날 하나님을 위한 건물을 짓게 될 자기 자신을 상상하지는 않았을까. 건물 1층에 들어가면 「엘 까쁘리쵸 데 가우디」에 관한 동영상을 감상할 수 있다. 이 건물의 역사와 건축에 관한 설명을 들을 수 있다. 2층에 올라가면 침실을 구경하고 발코니와 연결된 의자에도 앉아 볼 수 있다. 짧은 시간이었지만 스페인 북부 지역에서 가우디의 초기작을 직접 눈으로 볼 수 있다는 사실이 감격스러웠다.

꼬미야스에서 해변을 따라 10분 정도 더 가면 조용한 해변 도시 산 비센떼 데 라 바르께라San Vicente de La Barquera가 나온다. 특별히 볼 것은 없지만 그렇다고 그냥 지나치기는 아쉬운 곳이다.

아침 일찍부터 서둘러 알따미라 박물관에서 선사시대 유적들을 감상하고, 꼬미야스에서 가우디의 건축물을 본 뒤, 산 비센떼에서 깐따브리아의 보께로네를 곁들인 해산물 요리로 하루를 마감한다면 가장 황홀한 코스가 되지 않을까 생각한다.

CHAPTER 23. 아스뚜리아스의 매력에 푹 빠지다

깐따브리아, 아스뚜리아스……. 그저 스페인 한 지방의 이름에 지나지 않았던 이 두 단어가 지금은 내 가슴을 쿵쾅쿵쾅 뛰게 한다. 이 매력적인 지방의 이름을 들을 때마다 나는 다시 짐을 꾸리고 싶어진다.

바스꼬 지방을 여행하고 나서 '스페인 북부는 이런 곳이구나' 하기에는 아직 이르다. 바스꼬 지방을 지나 깐따브리아와 아스뚜리아스에 가보면 또 다른 지형과 자연환경, 문화를 접하게 된다. 음식은 말할 것도 없다.

특히 아스뚜리아스에는 전통 사과주인 시드라가 유명하다. 스페인에서 시드라는 워낙 인기가 높은 과일주라 아스뚜리아스가 아닌 다른 지역에서도 맛볼 수 있는데, 시드라를 판매하는 바를 시드레리아Sidreria라고 부른다. 스페인어에서 '~ria'는 우리나라의 '~점'과 같은 의미이다. 신발가게는 Zapato신발 뒤에 'ria'를 붙여서 'Zapateria'가 되고, 과일가게는 Fruto과일 뒤에 'ria'를 붙여 'Fruteria'가 된다.

아스뚜리아스에서 마시는 시드라는 더욱 특별한데, 그 이유는 시드라를 잔에 따르는 종업원의 기가 막힌 실력 때문이다. 시드라 병을 머리 위로 높게 들어 허리 아래로 최대한 낮춘 잔에 천천히 따르면 시드라가 빨려 들어가듯 잔에 담긴다. 이 광경은 마치 묘기를 보는 것 같은 재미를 준다. 잔을 살짝 기울여서 시드라가 잔 안쪽 면에 부딪히도록 정확히 조준하는 것이 포인트다. 시드라가 공기와 접촉하면서 향이 깊어지고 잔에 부딪히면서 풍미가 더욱 강해진다고 한다. 우연히 들른 바에서 시드라 한 잔을 부탁하자 키가 2미터는 족히 되어 보이는 종업원이 일부러 테이블 앞까지 나와서 잔을 채웠다. 여행자를 위한 배려다. 덕분에 태어나서 처음 보는 광경을 카메라에 담을 수 있었다. 내가 마신 시드라 한 잔 가격은 0.5유로. 한

시드라를 잔에 따르는 종업원

병을 시키면 3유로다. 저렴한 가격에 신선한 시드라를 즐길 수 있는 건 아스뚜리아스를 여행하는 사람들의 특권이다. 다른 지역에서 시드라를 주문하면 높은 곳에서 떨어지는 시드라를 자동으로 받을 수 있게끔 제작된 기구를 통해서 마시게 되는데, 아스뚜리아스에서 한번 제대로 맛보고 난 뒤에는 뭔가 특별한 게 빠진 듯한 아쉬움이 남는다.

깐따브리아 해를 바라보는 아스뚜리아스의 해안을 꼬스따 베르데Costa Verde라고 부르는데, 이 지역에만 무려 200개 이상의 해변이 있다. 나는 아기자기한 상점들과 시드라 바가 가득한 야네스Llanes부터 시작해서 2009년 스페인의 인기 드라마 「독또르 마떼오Doctor Mateo」의 촬영지로 유명한 라스뜨레스Lastres까지 꼬스따 베르데를 천천히 둘러보았다.

이 두 도시 중간에는 야메스 데 쁘리아Llames de Pría라는 작은 마을이 있는데, 이곳에는 사람들에게 잘 알려지지 않은 관광지 부포네스 데 쁘리아Bufones de Pria가 있다. 대중교통이 없어서 차가 없는 경우 수 킬로미터를 걸어가야 할 정도로 접근이 어려운 곳이다. 차가 있더라도 미로를 찾듯 마을의 좁은 골목길로 한참을 지나야 겨우 도착할 수 있는 곳. 그럼에도 이곳은 가볼 만한 가치가 있다.

부포네스Bufones는 해안 절벽 끝자락 즈음에 있는 크고 작은 틈이다. 이 틈에 다가가면 마치 공포 영화의 음향 효과와 같은 기괴한 소리가 들린다. 절벽의 높이가 어림잡아 30미터인데, 이 구멍이 해안의 석회동굴까지 이어져 바다와 연결된다. 파도가 센 날에는 바닷물이 이 구멍을 통해 하늘로 솟구치는데 간헐천과 매우 흡사한 그 모습이 장관이다.

그런데 특이하게도 발 한번 잘못 디디면 절벽 아래로 떨어질 수도 있는 이 위험한 곳에 안전장치가 하나도 없다. 자연 그대로의 모습을 고스란히 보전하는 것도

| 부포네스 데 쁘리아

좋지만, 보호벽 하나 정도는 설치했으면 하는 생각이 든다.

아스뚜리아스의 해안 지대를 벗어나 삐꼬스 데 에우로빠 국립공원으로 이동했다. 삐꼬Pico는 '산봉우리'라는 뜻으로, 번역해 보면 '유럽의 산봉우리들'이 된다. 스페인 북부 지방을 동서로 가로지르며 아스뚜리아스와 깐따브리아 지방 사이에 길게 뻗어 있다. 나는 삐꼬스 데 에우로빠 국립공원에서 일반 관광객들에게 제일 인기 있는 두 코스를 선택했다. 하나는 산맥의 서부 마을 꼬바동가를 통해 들어갈 수 있는 호수 관광이고, 다른 하나는 산맥 동부 지역에 있는 작은 마을 뽀떼스를 거쳐 푸엔떼 데로 들어가 케이블카를 타고 산에 올라 경치를 감상하고 반나절 정도 걸어서 산맥을 둘러보는 코스이다.

야메스 데 쁘리아에서 국립공원을 향해 40분 정도 가면 깡가스 데 오니스Cangas de Onís의 작은 마을 꼬바동가가 나온다. 꼬바동가는 삐꼬스 데 에우로빠 국립공원으로 들어가는 관문이면서 스페인 역사에서 매우 중요한 역할을 했던 곳이기도 하다. 이야기는 이슬람의 우마이야 왕조가 이베리아를 침공했던 711년부터 시작된다. 서고트 왕국이 주요한 전투에서 모두 패하며 이베리아 반도의 대부분이 이슬람 지배하에 들어갔다. 이슬람 왕국은 여세를 몰아 프랑스 남부까지 세력을 넓히고 있었다. 이때 이슬람 군대를 피해 북부 산악 지대로 모여든 서고트의 귀족들은 718년에 뻴라요Pelayo를 중심으로 아스뚜리아스 왕국을 건설하고 이슬람군과 대치하게 된다.

전해 내려오는 이야기에 의하면 꼬바동가의 한 동굴에 피신해 있던 뻴라요가 승리를 염원하는 간절한 기도를 드릴 때 성모 마리아를 봤다고 한다. 열세에 몰려 절박했던 가톨릭 군대는 성모 마리아가 자신들과 함께한다는 신앙심이 더해져 극적으로 이슬람 군을 물리치는데, 그게 바로 722년 꼬바동가 전투였다. 이 전투가

01. 라 산따 동굴
02. 라 산따 동굴 입구
03. 산따 마리아 교회
04. 뻴라요 동상

당시 이슬람 왕국에 치명적인 패배를 안겨 준 것은 아니었지만, 국토 회복 전쟁의 기폭제가 되었다.

뻴라요가 피신했었다는 라 산따 동굴La Santa Cueva은 이후 가톨릭 성지가 되었다. 밖에서 보는 것과는 달리 막상 동굴 내부로 들어가 보면 규모가 상당히 큰 편이다. 사진 촬영 금지라고 적힌 작은 입구를 지나 성스러운 동굴 내부로 들어갈 수 있다. 숨소리조차 죽이고 조용히 발걸음을 옮기는 순례자들의 행렬을 따라 어두운 동굴을 비추는 수백 개의 촛불을 지나면 제단 위에 놓인 마리아상을 볼 수 있다.

동굴 맞은편에는 산따 마리아 교회Basílica de Santa María la Real de Covadonga가 있고 그 앞에 뻴라요의 동상이 보인다.

꼬바동가에서 호수가 있는 산맥 위쪽으로 차를 타고 올라가는데 그 빼어난 풍경에 탄성이 절로 나온다. 30분 정도 지나 호수 바로 앞에 있는 주차장에 차를 대고 에놀Enol 호수로 걸어갔다. 산봉우리 아래로 넓고 평화로운 들판 위에 야생화가 가득했고, 한가로이 풀을 뜯어 먹는 말들 너머로 햇살에 비친 푸른색의 호수가 한눈에 들어왔다. 관광객은 나를 포함해 열 명도 채 되지 않았다. 고요하고 평화롭고 또 무척이나 아름다운 곳, 다른 수식어를 더 찾지 못해 아쉬울 뿐이다. 높은 고지대에 이런 호수가 있다는 것이 정말 놀라웠다.

에놀 호수에서 조금 더 걸어가면 에르씨나Ercina 호수가 나오고 그 뒤로는 웅장한 산맥을 감상할 수 있는 등산로가 이어진다. 호수를 감상하고 산맥 반대쪽인 뽀떼스까지 가는 데 두 시간이 걸렸지만 조금도 지루할 틈이 없는 멋진 드라이브 코스였다. 전망대가 나오면 차를 세워 놓고 사진도 찍고 경치를 감상하면서 천천히 이동했다.

아스뚜리아스는 내가 가본 스페인의 관광지 중에서 자연이 가장 아름다운 곳이

| 에놀 호수

었다. 미국의 영화감독 우디앨런이 했던 말이 실감 난다.

"세상으로부터 도피하고 싶다면 아스뚜리아스로 가라!"

뽀떼스로 가는 길 중간에 있는 작은 마을 까브랄레스^{Cabrales}에서는 스페인의 만체고^{manchego} 치즈만큼이나 유명한 까브랄레스 치즈를 한 조각 사서 먹었다. 살짝 매콤하면서 강렬한 맛이 꽤나 인상적이었다.

밤늦게 뽀떼스에 도착해 그곳에서 하룻밤을 보내고 다음 날 아침 푸엔떼 데로 출발할 채비를 했다. 날씨가 안 좋은 날이면 케이블카 운행이 중지된다고 해서 일

단 호텔 직원에게 확인해 봤는데, 이번 주 내내 운행했었고 오늘 날씨도 나쁘지 않기 때문에 문제없이 케이블카를 탈 수 있을 거라고 말해 줬다. 기대하는 마음으로 푸엔떼 데로 향했다.

푸엔떼 데까지는 차로 25분 정도 걸렸다. 사방이 온통 거대한 바위산으로 둘러싸여 있었고 빠라도르 호텔과 길 건너 작은 레스토랑 그리고 케이블카 매표소와 관광 안내소가 보였다. 그런데 지금이 비수기인 점을 고려해도 주변에 관광객이 너무 없었다. 뭔가 좀 이상하다 싶었다. 케이블카 입장권을 사기 위해 매표소로 갔는데 매표소 문이 닫혀 있었다. 불길한 예감이 드는 그 순간 뒤에서 누군가의 목소리가 들렸다.

"지금 바람이 너무 세서 잠시 운행을 중지한 상태라고 하네요."

나보다 먼저 온 관광객이었다. 조금 기다리다 보면 상황을 봐서 다시 운행할 수도 있다고 해서 길가에 있는 레스토랑에서 차를 마시며 기다렸지만 결국 나는 케이블카를 탈 수 없었다.

속상한 마음을 뒤로하고 다음 목적지인 레온으로 향했다. 푸엔떼 데까지 정말 멀고도 먼 길을 달려왔는데 고지를 바로 눈앞에 두고 뒤돌아 나오는 마음은 아쉬움으로 가득했다. 하지만 한편으로는 이 아쉬움이 나를 다시 아스뚜리아스와 깐따브리아로 오게 하리라는 생각이 들었다.

CHAPTER 24. 레온 빠라도르에 가다

스페인에는 '빠라도르Parador'라고 불리는 국영 호텔이 있다. 1928년 알폰소 13세 Alfonso XIII가 시작한 호텔 체인 사업으로 전국의 고성古城과 요새, 수도원, 저택 등을 개조해 호텔로 운영하고 있다. 건물 외관과 실내 가구 및 장식품 등은 그대로 사용하고 내부 시설만 현대식으로 개조해 편리하면서도 고풍스러운 멋이 그대로 보존되어 있다.

역사적인 건축물에서 직접 자볼 수 있다는 매력 때문에 외국인 관광객들뿐만 아니라 스페인 내국인들도 빠라도르를 애용하고 또 무척이나 자랑스러워한다. 전국에 대략 100개 정도 운영되고 있는데, 그중에서 똘레도와 꾸엥까, 론다, 그라나다의 빠라도르가 가장 유명한 편이다.

스페인에 왔다면 하루 정도는 빠라도르에서 묵을 만한 충분한 가치가 있다. 빠라도르 대부분이 시내가 훤히 보이는 높은 곳에 있기 때문에 이곳에서 숙박하는 것 자체가 관광이 된다. 만약 숙박을 하지 않더라도 호텔 카페에서 차를 마시면서 시내 전망을 감상하는 것도 좋다.

빠라도르의 하루 숙박 요금은 160~300유로 선. 배낭 여행자에게는 부담되는 금액이지만 저렴하게 이용할 기회가 전혀 없는 것은 아니다. 비수기인 1, 2월에는 전국 빠라도르에서 대폭 할인행사를 하는데, 이때는 1박에 70유로 선으로 숙박이 가능한 빠라도르가 꽤 있다. 빠라도르에 직접 전화를 걸거나 홈페이지www.parador.es 를 통해서도 예약할 수 있지만, 부킹닷컴www.booking.com이나 호텔스닷컴kr.hotels.com 등 호텔 예약 사이트를 통해서도 쉽게 예약할 수 있다.

나는 할인행사에 맞춰서 전부터 꼭 한번 가보고 싶었던 레온의 빠라도르를 예

레온 빠라도르

약했다. 1박 요금은 75유로. 레온 시내 중심에서 도보로 5분, 레온 기차역에서는 도보로 10분 거리에 있어서 차가 없는 여행자도 쉽게 이용할 수 있다. 레온 빠라도르는 외관이 아름다운 것으로 유명하다. 이곳을 처음 알게 된 것은 빠라도르 웹사이트를 통해서였다. 사진으로 봤을 때도 감탄사가 절로 나왔는데, 직접 와서 보니 그 감동이 몇 배는 더하다.

우선은 건물의 규모가 엄청나다. 현재 건물 좌측 절반만 호텔로 사용하고 우측은 성당과 박물관이라는데, 호텔의 객실이 무려 200개나 된다. 이 건물이 세워지기 전에는 순례자들을 위한 작은 병원이 있었다고 한다. 레온이 산띠아고 순례길 중간 지점이어서 기나긴 순례 여정에 지친 순례자들을 치료해 주는 본부 역할을 했다. 그래서일까. 지금은 병원이 없어지고 그 터에 빠라도르가 남았지만, 그 앞에 순례자의 동상이 있다. 신발을 벗어 놓고 편한 자세로 걸터앉아 건물을 바라보며 쉼을 얻는 순례자의 동상이 매우 인상적이다.

| 빠라도르를 바라보고 있는 순례자 동상

| 빠라도르 1층 로비

병원이 없어지고 나서 16세기에 군사 시설과 군인들을 수용하기 위해 지금의 건물이 지어졌다. 그 후에 이 건물은 잠시 감옥으로도 사용되었는데, 스페인의 유명 작가 께베도Francisco de Quevedo도 정치범으로 이곳에 투옥된 사실이 있다. 건물의 용도가 감옥에서 순례자들의 숙소인 알베르게Albergue로 변경되었다가 현재는 빠라도르로 사용되고 있다. 전국의 빠라도르는 이처럼 각각의 역사를 지니고 있다. 이러한 역사적 가치가 투숙객에게 숙박 이상의 가치를 제공한다. 고객을 최고로 대우해 주는 접객 서비스부터 품격과 맛을 보증하는 레스토랑, 박물관에 있는 것 같은 착각에 빠지게 하는 그림들과 실내장식. 이곳에 머물면 마치 중세 시대의 귀족이 된 듯한 기분이 든다.

레온 시내 관광에 나섰다. 구시가지에 있는 레온 대성당에 들어서니 커다란 배낭을 멘 순례자들이 눈에 띈다. 그러고 보니 이곳 레온에서 유독 순례자를 많이 보았다. 골목 어귀에 있는 바에서도 커다란 보까디요Bocadillo, 샌드위치와 커피를 마시는 순례자들을 흔히 볼 수 있다. 대성당 근처에는 가우디가 1894년에 완공한 「까사 보띠네스Casa Botines」가 있다. 네오 고딕풍의 이 건물은 현대적이면서도 레온의 구시가지와 조화를 이루는 아름다운 건축물이다. 처음에는 저택으로 지어졌으나 지금은 은행 건물로 사용되고 있다. 건물 앞에는 벤치에 앉아 있는 가우디의 동상이 있다.

까딸루냐 지역 외에 있는 가우디의 건축물 세 개 중에 이제 하나만 남았다. 아스또르가에 있는 「에삐스꼬빨 궁전Palacio Episcopal」. 레온에서 버스를 타고 아스또르가로 향했다. 소요 시간은 대략 한 시간. 차가 있다면 40분 정도면 도착할 수 있다. 가우디가 중세 고딕 양식에서 영감을 받아 건축한 「에삐스꼬빨 궁전」은 지금까지 본 가우디의 건축물과는 또 달랐다. 마치 상상에서만 존재하는 동화 속 궁전을 보는 느낌이다. 가우디가 이 궁전의 건축을 의뢰받았을 때는 이미 사그라다 파밀리아 성당의 주임 건축가로 임명된 후였다. 도저히 다른 곳에서 시간을 보낼 여유가 없었던 가우디를 이곳으로 오게 한 장본인은 바로 조안_{Joan Baptista Grau i Vallespinós} 신부이다.

나는 아스또르가에 오기 전까지 조안 신부에 대해서는 아는 바가 전혀 없었다. 호기심이 발동해 여기저기서 자료를 찾다가 흥미로운 사실 하나를 발견했다. 조안 신부와 가우디의 고향이 둘 다 까딸루냐 지역의 레우스였다. 이 두 사람의 우정이 언제부터 시작된 것인지는 알 수 없으나 훗날 조안 신부가 사망했을 때 그의 묘를 가우디가 직접 지은 것으로 봐서 구엘만큼이나 가까운 사이였음을 알 수 있다. 또한 가우디의 신앙에도 지대한 영향을 미쳤던 것으로 짐작된다.

조안 신부는 1886년 아스또르가의 주교로 임명됐는데 그가 부임하고 두 달 만에 에삐스꼬빨 궁전에 화재가 발생했다. 건물은 완전히 붕괴됐다. 당시 조그마한 시골 마을인 아스또르가에는 재건축을 담당할 적임자가 없었다. 이때 조안 신부가 직접 가우디에게 건축을 의뢰했다. 완공까지 총 26년이 걸렸고_{1889~1915년}, 가우디는 궁전의 설계 시점인 1888년부터 1898년까지 10년간 공사를 담당했다.

「에삐스꼬빨 궁전」은 이후 1962년부터 지금까지 까미노 박물관_{Museo de los Caminos}으로 사용되고 있다. 아스또르가와 레온은 관광지로 유명한 곳은 아니지만, 가우디의 건축물에 관심이 있는 사람이라면 레온과 아스또르가를 묶는 하루 코스를 추천한다.

「까사 보띠네스」와 가우디 동상

아스또르가의 「에삐스꼬빨 궁전」

Part 7

특별하지 않아서 더 특별한,
갈리시아

갈리시아
GALICIA

산띠아고 순례길의 종착지인 산띠아고 데 꼼뽀스뗄라Santiago de Compostela가 갈리시아 지방의 주도이다. 스페인 네 개 공용어 중의 하나인 갈리시아어Gallego를 사용하는데, 지리적, 문화적, 언어적으로 스페인보다는 포르투갈에 더 가깝다. 서쪽으로는 리아스식 해안이 길게 형성되어 있다. 꼬루냐Coruña 주변의 리아스식 해안을 리아스 알따스Rias Altas, 북부 리아스 해안, 뽄떼베드라Pontevedra 주변의 리아스식 해안 지대를 리아스 바이샤스Rias Baixas, 남부 리아스 해안라고 한다.

세계적인 패션 브랜드인 자라Zara를 소유한 인디텍스Inditex의 본사가 갈리시아에 있다. 그룹 회장인 아만시오 오르떼가Amancio Ortega는 한때 세계 부자 서열 1위에 오르기도 했다. 갈리시아 사람들은 여행을 좋아하는 것으로 알려졌다. 스페인에서 국외 이민 비율이 가장 높은 곳도 갈리시아이다.

스페인 사람들은 갈리시아인들이 무뚝뚝하고 재미없다고 말하지만, 먹거리만큼은 단연 최고라고 인정한다. 문어가 특히 유명하고, 남부 해안에서 생산되는 화이트 와인 알바리노Albarino는 세계적으로 인기가 높다.

마드리드에서 산띠아고 데 꼼뽀스뗄라까지는 기차로 5시간이 소요된다. 항공편도 있지만 스페인의 다른 국내선에 비해서 가격이 조금 비싼 편이다. 산띠아고 순례길을 걷기 위해서 마드리드에서 사리아Sarria로 갈 경우, 기차보다는 버스가 편하다. 밤 버스를 이용하면 이른 새벽 루고Lugo에 도착한다. 그 후 루고에서 사리아까지는 완행버스를 타고 간다.

순례길은 산띠아고 데 꼼뽀스뗄라에서 끝나는 게 보통이지만, 5일을 더 추가해서 세상의 끝이라 불리는 피스떼라까지 완주하는 순례자들도 꽤 많다. 갈리시아에서 포르투갈 국경을 통과할 때에는 다리만 건너면 된다. 국경 검문소도 지날 필요가 없다.

 하이라이트

- 산띠아고 순례길
- 오렌세에서 즐기는 온천 여행
- 비고의 해산물 거리에서 신선한 굴 맛보기
- 포르투갈 북부의 보석 뽀르또 관광

CHAPTER 25. 사리아에서 떠나는 5일간의 순례길

　계획에 없던 산띠아고 순례길을 걸어 보겠다고 결심한 건 레온에서 빠라도르를 바라보고 앉아 있는 순례자의 동상을 처음 봤을 때다. 한 달을 투자할 시간은 없지만 단 며칠이라도 순례자가 되어 천년의 세월을 품은 이 성스러운 길을 다른 순례자들과 함께 걷고 싶다는 간절한 소망이 생겼다.
　산띠아고 순례길의 역사는 9세기로 거슬러 올라간다. 예수님의 열두 사도 중 한 명인 야고보의 유해가 산띠아고 데 꼼뽀스뗄라에서 발견되었다. 그 후 산띠아고 데 꼼뽀스뗄라는 예루살렘과 로마에 이어 기독교 3대 성지가 되었고, 천 년이 넘는 세월 동안 이곳을 찾는 기독교인들의 발걸음이 끊이지 않았다. 오늘날의 순례길은 800킬로미터가 기본 코스이지만, 그 옛날에는 폴란드나 헝가리, 그리스에서부터 수천 킬로미터를 걸어서 이곳까지 오기도 했다.

　순례길의 완주 증명서를 받을 수 있는 최소 거리는 100킬로미터. 역사적으로 산띠아고 순례길의 중요한 길목이었다는 사리아에서 산띠아고 데 꼼뽀스뗄라까지의 거리가 100킬로미터가 조금 넘기 때문에 사리아는 최소 거리를 걷고자 하는 순례자들에게 가장 인기 있는 출발지이다.
　나는 레온 여행을 마치고 아스뚜리아스의 주도인 오비에도에서 하루를 보낸 후, 다음 날 기차를 타고 루고로 이동해 다시 버스를 타고 사리아로 왔다. 이른 아침 작은 카페에 들러 2.5유로를 내고 끄레덴시알Credencial을 샀다. 순례를 온전히 마치면 종착지인 산띠아고 데 꼼뽀스뗄라에서 완주 증명서를 발급해 주는데, 그 증명서를 받으려면 실제로 순례길을 제대로 걸었는지 확인이 필요하다. 이러한 확인을

순례자를 안내하는
이정표와 표식

위해 각 도시에서 도장을 받는데 그 도장을 받는 종이카드를 끄레덴시알이라고 부른다. 끄레덴시알에 받는 도장은 스페인어로 세요Sello라고 부른다. 세요는 순례자 전용 숙소인 알베르게Albergue나 성당, 레스토랑, 바에 가면 받을 수 있다.

   예정에 없던 순례길이다. 편한 등산화도 없고 순례길의 필수품인 우산과 지팡이도 없다. 이렇게 떠나도 되는 걸까? 어느새 나는 순례길을 걷고 있다. 순례길에 있는 노란색 화살표만을 의지한 채 지도도 없이 마냥 길을 걸었다. 얼마나 많은 순례자가 이 길을 걸었을까. 한 걸음 한 걸음이 감동으로 다가오고, 이 길을 걸을 수 있다는 것만으로도 감사가 넘친다.
   프랑스의 생 장St. Jean에서 출발하는 순례길은 삐레네 산맥을 넘어서면 빰쁠로나가 나오고 이후로도 부르고스와 레온 등 큰 도시들이 중간에 있지만, 사리아부터는 큰 도시들도, 이렇다 할 관광지도 없다. 오로지 걷고 또 걷는다.
   사리아에서 시작하는 코스는 대략 이렇다. 첫날은 뽀르또마린Portomarin까지 22킬로미터 정도를 걷는다. 둘째 날은 빨라스 데 레이Palas de Rei, 셋째 날은 아르쑤아Arzua에서 30킬로미터 이상을 걸어 산띠아고 데 꼼뽀스뗄라와 4킬로미터 미만 지점인 몬떼 도 고소Monte do Gozo에 도착하고 이곳에서 순례의 마지막 밤을 보낸다. 마지막 날은 대략 한 시간 정도 걸으면 최종 목적지인 산띠아고 대성당에 도달한다.

겨울 순례길은 몹시 한적하다. 순례자가 가장 집중되는 시기는 6월에서 8월 사이이고, 전체 순례자 중 90퍼센트가 4월과 10월 사이에 이곳을 찾는다. 그렇다 보니 겨울에 해당하는 12월에서 2월에는 문을 닫는 알베르게나 레스토랑이 꽤 많다.

한편 여름 순례길의 최대 단점은 순례자가 너무 많다는 것이다. 순례자가 많으면 우선 조용히 걷는 것에 방해가 된다. "부엔 까미노Buen Camino, 좋은 순례길 되세요" 하며 인사하는 서로에 대한 반가움도 자칫 형식적이고 번거롭게 느껴질 수 있다. 더 큰 문제는 숙소. 알베르게가 이미 꽉 차서 오갈 데 없는 신세가 되는 일도 실제로 비일비재하다. 택시를 타고 인근 도시로 가서 숙박한 후, 다음 날 택시를 타고 다시 원위치로 돌아오는 해프닝이 벌어지기도 한다. 그렇기 때문에 사전에 각 도시의 알베르게 연락처를 받아 예약해 두는 것도 한 방법이다. 일정이 변경될 수 있으므로 하루 이틀 전에 예약하는 게 효율적이다.

그런데 겨울에 떠나는 순례 여정은 정반대의 문제가 발생한다. 비수기에 문을 닫는 알베르게가 많아서 역시나 숙소를 구하기 어렵다. 순례길에서 만난 한 친구도 저녁 늦게 겨우 알베르게에 도착했는데 문이 닫혀 있어 당황했던 경험을 이야기했다. 이러지도 저러지도 못하고 있는데 어디선가 마을 주민이 다가와 사정이 딱하다며 자기 집으로 데려가서 재워 줬다고 했다.

순례길은 걷는 것 자체도 힘들지만, 수시로 변하는 날씨나 숙소 예약의 고충 등 다양한 어려움이 순례자들을 난감하게 한다. 하지만 이러한 환경마저도 모두 순례의 일부분이다.

내가 사리아에서 출발한 날, 나와 같이 출발한 한 커플이 있었다. 같은 길에서 가끔 마주치곤 했는데, 이름도 모르고 출신지도 모르지만 순례길에서 만났다는 이유만으로 반가워서 마주칠 때마다 서로 눈인사를 건넸다. 그러다가 이 커플과 통성명한 것은 잠시 쉬기 위해 들른 조그마한 바에서였다. 발렌시아에서 온 에두와 마리아떼. 이 두 사람은 결혼을 앞 둔 20대 후반 동갑내기다. 에두는 에두아르도Eduardo의 애칭이고, 마리아떼는 마리아 떼레사Maria Teresa의 애칭이다. 스페인에서는 이름을 줄여서 부르는 게 일반적이다. 다비드David는 다비, 라파엘Rafael은 라파라고 부른다. 같은 날 같은 장소에서 출발한 유일한 순례길 동기라며 우리는 금세 친해졌다. 바에서 나오면서 에두는 내가 먹은 깔도Caldo, 각종 채소를 넣어 끓인 수프의 종류를 대신 계산했다. 스페인을 여행하면서 누군가가 내 음식값을 계산해 준 것은 이때가

| 순례자를 위한 음식들

처음이었다.

　그러고는 또 길을 걸었다. 우리 앞에 40대 후반의 남성이 홀로 걷고 있었다. 그 역시 스페인 사람이었고 출발지는 부르고스였다. 내가 5일간 순례길을 걸으면서 만난 순례자 중 대부분이 스페인 사람이었고, 그중에는 순례길을 두 번 이상 찾은 사람도 꽤 있었다.

　지리적으로 먼 나라의 순례자는 두 번 이상 순례길을 걷는 것이 현실적으로 어렵지만, 스페인 사람이라면 가능한 일이다. 에두의 지인 중에도 순례길을 무척이나 사랑하는 사람이 있는데, 그는 이미 수십 번 순례 여정을 마쳤다고 한다.

　나보다도 훨씬 어린 에두에게 신세를 진 것 같다는 생각에 나도 무언가를 선물하고 싶었는데, 때마침 기회가 찾아왔다. 지팡이를 사기 위해 들른 상점에서 한국 컵라면과 과자 발견.

　"에두! 마리아떼! 잠깐 여기 좀 봐!"

　발렌시아 친구들을 상점 안으로 이끌었다. 진열대에 가득한 한국 컵라면과 과

01. 한국 컵라면과 과자를 팔고 있는 상점
02. 저 멀리 보이는 마을이 첫날 머무른 뽀르또마린이다.
　　에두의 손에 내가 사준 한국 컵라면이 들려 있다.

자. 먼 아시아의 한국에서 공수된 식품들을 보면서 신기해하는 건 이 친구들뿐만이 아니다. 내게도 이색적인 풍경이었다. 스페인의 이름도 모를 작은 마을에서 한국 식품을 팔고 있다니. 얼마나 많은 한국 순례자가 이곳을 찾는지 실감이 나는 순간이다.

나는 얼른 컵라면 두 개와 과자 두 개를 사서 에두에게 선물했다. 기대도 못 한 식량을 얻은 에두는 훌륭한 저녁 식사가 되겠다며 좋아했다. 순례길에서 사람을 만나고 또 친구가 되는 것. 참 행복한 일이다.

순례길의 첫날 밤, 나는 에두 커플과 다른 알베르게로 가게 되었고 그곳에서 낮에 만났던 중년의 남성 알레만^{Aleman}을 다시 만났다. 알레만도 발렌시아에서 왔다. 무슨 까닭일까. 이번 스페인 여행에서 나는 발렌시아노^{Valenciano}를 많이도 만났다.

이곳 알베르게에는 알레만과 나 둘뿐이었다. 우리는 정부에서 운영하는 공영 알베르게로 왔는데 에두 커플은 사설 알베르게로 갔나 보다.

01. 알베르게 입구에서 지도를 보고 있는 순례자
02. 알베르게 내부

공영 알베르게의 가격은 모두 6유로로 정액제이다. 2013년 5월 1일부터 지금까지 6유로를 유지하고 있다. 반면에 사설 알베르게는 6유로부터 비싸게는 15유로까지 다양하다. 알베르게에서 숙박을 하려면 반드시 끄레덴시알이 있어야 한다. 순례자만이 이용할 수 있기 때문이다.

보통 알베르게의 침실에는 침대와 매트리스만 있다. 침낭은 각자 준비해야 한다. 공동으로 사용하는 주방에는 외부에서 사 온 재료들로 직접 음식을 해 먹을 수 있다. 알레만은 순례길에서 많은 한국 순례자를 만났는데 내가 유일하게 스페인어를 하는 한국인이라며 더욱 반가워했다. 그는 부르고스에서 여기까지 하루 평균 45킬로미터를 걸었고, 앞으로 이틀 뒤면 산띠아고에 도착한다고 한다. 사실 하루에 40킬로미터 이상을 걷는 것은 여간 힘든 여정이 아니다. 20대의 젊은 청년들에게도 힘든 일을 40대 후반의 알레만은 너끈히 해내고 있었다.

딱히 정해진 기준은 없지만 남성의 경우 하루 평균 25~35킬로미터를 걷고, 여성의 경우 20~25킬로미터를 걷는 것이 일반적이다. 특히 첫째 날과 둘째 날은 무리하지 말고 20킬로미터 미만의 거리를 천천히 걷는 것이 좋다.

이튿날도 계속 걸었다. 아침에 만난 에두는 내가 사준 한국 라면의 맛이 일품이었다며 활짝 웃었다. 알레만은 일찌감치 저 멀리 거리를 벌렸고, 에두 커플과는 계속해서 만났다가 헤어지기를 반복했다. 이날의 목적지인 빨라스 데 레이를 조금 더 지나 멜리데Melide에서 여정을 풀었다. 이번에는 사설 알베르게를 이용했는데, 평소 숙박비는 10유로이지만 비수기 요금인 6유로를 내고 들어갔다.

이곳은 2층과 3층에 최대 80명을 수용할 수 있는 규모였다. 1층에는 주방과 작은 객실이 따로 있었는데, 주인에게 물어보니 장애인 순례자를 위한 객실이란다.

"정부로부터 알베르게 운영 허가를 받는 것은 상당히 까다로워요. 장애인 전용 객실도 의무 사항이죠."

온 가족이 조금씩 도와줘서 이 건물을 매입했고 야심 차게 알베르게 사업에 뛰어든 30대 초반의 젊은 사장 마리오 Mario는 새로 오픈한 자신의 알베르게에 애정이 넘쳤다. 주변에 맛집을 소개해 달라는 부탁에 주저 없이 뽈뽀 문어 전문점 주소를 하나 적어 준다.

| 갈리시아의 문어 전문 식당

"순례길에서 이미 많이 먹어 봤겠지만 여기는 꼭 가보세요. 세상에서 제일 큰 문어요리 전문점이랍니다."

그의 말은 사실이었다. 내가 순례길에서 제일 많이 먹은 음식도 문어요리였고, 그가 추천해 준 가르나차 Pulperia A Garnacha도 최대 500명을 수용하는 엄청나게 큰 뽈뽀 전문 식당이었다. 하지만 솔직히 맛을 평가하자면 이름 없는 작은 마을에서 먹었던 문어요리가 더 맛있었다.

순례길 마지막 날, 혼자 쓸쓸히 걷는 70대 할머니의 모습이 퍽 인상 깊었다. 작은 가방 하나와 나무 지팡이만을 들고 사색에 잠긴 채 아주 천천히 걷는 할머니에게는 뭔가 사연이 있어 보였다. 하지만 난 할머니의 순례를 방해하고 싶지 않아서 멀리서 바라만 보았다. 어디서부터 걷기 시작했는지는 알 수 없지만, 할머니의 옷차림으로 봤을 때 길어야 오늘 하루 정도 걷는 것이 아닐까.

순례길을 걷는 기간은 다양하다. 한 달을 꼬박 걷는 순례자도 있고 나처럼 며칠만 걷는 순례자도 있다. 혹은 단체 버스를 타고 와서 한 시간 정도 걷는 체험만 하고 다시 다른 관광지로 이동하는 사람들도 있다. 누가 진정한 순례자인가에 대한

순례길 풍경

기준과 정답은 없다. 순례의 시간과 거리가 아니라 단 한 시간을 걷더라도 어떤 마음으로 이 순례길에 와 있느냐에 의미를 부여해야 한다.

황량한 평원을 온 힘을 다해 걷다 보면 자신도 모르는 사이에 순종의 기쁨을 깨닫게 되고, 두 다리는 퉁퉁 부어오르면서도 원인을 알 수 없는 깊은 평안을 누리게 된다. 세상의 헛된 욕심이 비워진 그 자리에 잊지 못할 순례길의 추억이 하나 둘씩 쌓이며 '내가 여기 왜 왔을까' 하는 후회가 환희로 바뀐다. 그러면서 마음속에 오랫동안 숨어 있던 상처가 치유되는 체험을 하게 된다.

하루 내내 변덕을 부리는 변화무쌍한 날씨. 덤불을 지날 때는 금방이라도 세상이 없어질 것처럼 어둠 속에 잠겼다가도 어느새 다시 해가 뜨고 길가의 야생화가 나를 반긴다. 그리고 다시 쏟아지는 비. 12월의 순례길은 삶의 모진 비바람을 이겨내고 걷는 순례자와 어울리는 고독한 길이다.

마지막 날 알베르게에서 나는 한국 청년 둘을 한꺼번에 만났다. 김대진, 김도윤. 두 사람 다 한 달가량 순례길을 걸어온 선배들이다. 이 두 청년에게 산띠아고 순례길에 대한 생생한 경험담을 들을 수 있었다. 이번에 대학을 졸업하는 김도윤 청년은 30일 정도로 예상하고 출발했는데, 어쩌다 보니 25일 만에 여기까지 왔다고 했다. 온종일 걸어서 알베르게에 도착했는데 알베르게가 휴업 중이라서 어쩔 수 없이 몇 시간 더 걸은 날이 많았고, 그러다 보니 예정보다 앞당겨졌다는 것이다. 그는 초반에 무리하게 걸은 탓에 부르고스의 한 호스텔에서 며칠간 요양했는데, 그때 순례 여정을 포기할 생각마저 했었다고 한다. 하루 이상 머무를 수 없는 알베르게 규칙 때문에 부르고스에서는 일반 여행자들이 묵는 호스텔에서 지냈단다. 또한 그가 빰쁠로나에서 만난 한 한국인 순례자는 도중에 발목을 다쳐서 결국 한국으로 돌아갔다고 한다. 이 이야기를 들을 때는 그 순례자의 안타까움이 느껴져 나도 마음이 아팠다.

　마지막 날 최종 종착지인 산띠아고 대성당까지는 든든한 한국의 두 청년 그리고 스페인 순례자인 프란시스꼬Francisco, 뻬뻬Pepe와 함께 도착했다. 성당 건너편 건물에 있는 사무소에서 순례길 완주 증명서를 받고 기념사진을 찍었다. 대성당 앞 오브라도이로Obradoiro 광장에 있는 시민들은 순례길을 완주한 이들에게 따스한 위로와 축하의 눈빛을 보냈다. 순례자들은 한 달 가까이 함께 걸으며 정들었던 다른 순례자들과 뜨거운 포옹을 나누고는 각자 삶의 순례길로 발길을 돌렸다.

　800킬로미터를 완주한다는 것. 과연 어떤 느낌일까? 언제가 될지는 모르겠지만 나도 꼭 이 순례길을 다시 걷고 싶다.

01. 도장이 빼곡히 찍힌 끄레덴시알을 들고 있는 순례자. 뒤에 산띠아고 대성당이 보인다.
02. 산띠아고 대성당 앞 빠라도르 호텔 입구

순례를 마친 순례자들의 마지막 포옹

CHAPTER 26. 오렌세에서 즐기는 온천 여행

　스페인에서 가장 좋아하는 곳이 어디냐고 물으면 스페인 사람들은 뭐라고 대답할까? 가우디의 도시 바르셀로나? 스페인의 수도 마드리드? 이슬람 문화가 깊게 뿌리내린 안달루시아? 내가 만난 대부분의 스페인 친구들은 이 질문에 한결같이 '갈리시아'라고 답했다. 마드리드에 있는 우리 집을 구해 준 부동산 직원 니꼴라스, 스페인어 학원 선생이었던 이삭, 와인을 마시러 자주 들렀던 레스토랑 라 싸귀나La Zaguina의 종업원 엘라디오 그리고 숨겨진 스페인의 명소를 소개해 준 나의 친구 호세까지 모두가 갈리시아를 스페인 최고의 관광지로 뽑았다.

　사실 처음에는 우연이라고 생각했다. 내가 우연히 갈리시아를 좋아하는 사람들을 만난 것뿐이라고. 하지만 스페인에서 좀 더 오래 살게 되고 많은 스페인 친구를 사귀게 되면서 나는 스페인 사람들이 갈리시아에 특별한 애정을 품고 있다는 것을 알 수 있었다. 어떤 면에서 갈리시아가 좋은지를 물으면 "딱히 특별히 좋은 것은 없다"고 대답하는 것도 어쩜 그리 똑같은지. 그러고는 갈리시아의 음식과 사람에 관해서 이야기한다.

　"갈리시아에 반드시 가야 할 이유는 어디에도 없어요. 하지만 한 번 가게 되면 분명 갈리시아를 좋아하게 될 거예요."

　산띠아고 순례 여정을 마치고 곧장 오렌세Orense로 향했다. 갈리시아어인 가예고Gallego로는 오우렌세Ourense이다. 바스꼬 지방의 산 세바스띠안San Sebastian이 바스꼬어로 도노스띠아Donostia인 것처럼 갈리시아에서도 보통 두 가지의 도시명을 함께 사용한다. 스페인어 하나도 이해하기 힘든데 지역마다 언어가 뒤죽박죽 섞여 있다 보니, 먼 한국에서 처음 스페인을 방문한 여행자에게는 매우 낯설 수밖에 없다. 그래서 여행자의 이해를 돕기 위해 스페인의 다양한 언어에 대해서 최대한 쉽고 간단하게 설명해 보고자 한다.

일단 스페인에는 아주 많은 언어가 존재한다. 내가 갈리시아로 오기 전에 여행한 레온에는 레온어인 레오네스Leonés가 있다. 그리고 그 위에 있는 아스뚜리아스도 바블레Bable라는 고유 언어를 갖고 있다. 그뿐만이 아니다. 삐레네 산맥에 위치한 아라곤 지방에는 아라고네스Aragonés가 있고 발렌시아 지방에도 발렌시아어가 있다. 모두가 실제로 존재하는 언어이다.

그러나 스페인 정부에서 공식적으로 인정하는 언어는 오직 네 가지뿐이다. 프랑꼬 독재 시절에는 스페인 전역에서 까스떼야노Castellano, 우리가 알고 있는 스페인어만 사용할 수 있었고 그 이외의 언어는 모두 금지되었다. 그런데 프랑꼬가 사망하고 나서 1978년 개정된 헌법에 따라 까스떼야노와 까딸루냐어Catalan, 바스꼬어Euskera, 갈리시아어Gallego가 공용어로 선정되었다. 이중 까스떼야노와 까딸루냐어, 갈리시아어는 모두 라틴어 계열에 속하고, 바스꼬어만 유일하게 비라틴어 계열이다. 국가의 공식어는 스페인어까스떼야노이며 지방 자치 정부는 스페인어와 각각 지방 공식어를 함께 사용하는 이중 공식어 제도를 채택했다. 이 때문에 정식 공용 지방어를 쓰더라도 반드시 스페인어와 함께 써야 한다.

그렇다면 비공용어에 해당하는 나머지 언어들은 어떨까. 공용어로 인정받은 언어들과의 가장 큰 차이는 실제 사용 여부이다. 아스뚜리아스에 사는 사람들에게 아스뚜리아스어를 할 줄 아느냐고 물으면 "까딸루냐 지방이나 바스꼬 지방의 상황과는 달라요. 우리는 일상생활에서 오로지 스페인어만 사용합니다"라고 대답한다.

아스뚜리아스 지방이나 아라곤 지방에서도 자신들의 언어가 공용어로 채택되어야 한다는 주장이 없었던 것은 아니지만, 이런 의미에서 채택 가능성은 아예 없다고 봐야 한다.

스페인 남부 지역인 안달루시아에는 자체 언어가 있을까? 정답은 '없다'이다. 그들은 스페인어를 사용하는데 발음과 억양이 조금 다를 뿐이다. 스페인어의 사투리라고 표현하면 적당할 것 같다. 앞에서 언급한 바 있지만, 스페인어를 모국어로 사용하는 중남미 국가들의 스페인어 발음이 본토와 조금 다른 이유는 콜럼버스와 함께 신대륙을 찾아 떠난 선원 대부분이 안달루시아 출신이었기 때문이다.

이베리아 반도를 로마군이 점령하고 지배했던 기원전 2세기에는 모두가 같은 라틴어를 사용했다. 그 후 수천 년의 세월을 거쳐 주변 언어들과 충돌하고 순화되면서 지금의 스페인어가 만들어졌다. 지금도 스페인어와 이탈리아어는 상당히 유사한데, 로마가 멸망한 후 국가적 차원에서 일찌감치 문법과 발음 체계를 정비한 프랑스어와 달리 라틴어의 흔적이 많이 남아 있기 때문이다.

한편 스페인어에 가장 많은 영향을 미친 언어는 아랍어이다. 이슬람은 7세기부터 15세기까지 오랜 세월 동안 이베리아 반도를 지배하면서 문화뿐만 아니라 언어에도 많은 영향을 미쳤고, 대략 4천여 개의 아랍어 어휘가 스페인어에 유입되었다. '빨리 빨리!'라는 뜻의 알라Ala나 설탕이라는 뜻의 아수까르Azúcar도 아랍어의 영향을 받은 것이고, 알마쎈Almacén, 백화점, 알무에르쏘Almuerzo, 점심 등도 아랍어의 접두사인 Al이 붙어서 아예 단어가 되어 버린 경우이다. 스페인의 다양한 언어에 대해서 조금만 이해해도 여행에 큰 도움이 될 것이다.

다시 오렌세 여행 이야기로 돌아오자. 오렌세는 온천으로 유명하다. 온천 지역은 시내에서 차로 10분 정도 거리에 있는데, 시내 중심의 마요르 광장에서 관광 열차를 타고 가는 것이 가장 좋다. 편도 가격은 0.85유로. 돌아올 때는 내렸던 곳에서 다시 요금을 내고 타면 된다. 씨에스따 시간인 오후 2시부터 4시까지를 제외하고는 오전 10시부터 저녁 8시까지 매 시간 운행된다.

시내 중심을 지나 미뇨Miño 강을 건너 30분 정도면 온천 지역인 오우따리스Outariz에 도착한다. 열차가 서는 곳 바로 앞에 노천 온천이 있는데 고맙게도 무료다. 탈의실이 없는 것이 흠이지만 온천탕은 훌륭하다. 옷 속에 수영복을 입고 와서는 바닥에 옷을 벗어 놓고 온천탕에 들어가는 오렌세 주민들의 모습을 쉽게 볼 수 있다.

무료 온천탕 옆으로 3분 정도 걸어가면 유로 온천장도 있다. 입장료는 단돈 5유로. 수영복이 없어도 걱정할 필요 없다. 입장료에 5유로를 더 내면 수영복과 수건, 슬리퍼를 대여해 준다. 입장료가 저렴하다고 해서 온천 시설이 열악한 것은 절대 아니다. 실외에는 일본식 온천탕이 여러 개 있고, 실내는 모던한 디자인으로 깔끔하게 꾸며져 있으며 수질 또한 훌륭하다. 게다가 물 온도가 미지근한 다른 유럽의 온천과는 달리 제법 뜨거워서 한국 사람들에게 안성맞춤이다. 특히나 산띠아고 순례 여정을 마친 여행자에게는 더더욱.

오렌세에는 여기 말고도 훌륭한 온천장이 여럿 있다. 시내에 있는 관광 안내소에서 온천장의 위치를 파악하고 하루 정도 푹 쉬면서 온천을 즐겨 보자.

01. 마요르 광장에서 출발하는 관광 열차
02. 오렌세의 명물인 밀레니오 다리
03. 무료 노천 온천
04. 무료 온천 옆의 유료 온천장
05. 오렌세 구시가지
06. 오렌세 대성당 앞 야경

CHAPTER 27. 갈리시아의 숨은 보석, 리아스 바이샤스

오렌세에서 서쪽으로 차로 한 시간 정도 가면 뽄떼베드라 주의 주도인 비고Vigo가 나온다. 인구 30만 명의 항구도시로 15세기 이후 아메리카 대륙과의 교역지로써 꾸준히 성장했다. 지금은 갈리시아에서 가장 큰 도시이다.

비고 시내는 항구도시답지 않은 말끔한 인상을 준다. 건물과 시내의 분위기는 미국 서부의 샌프란시스코와 많이 닮았다. 시내 구경을 하면서 천천히 걷다 보면 항구에 도착한다. 소금기를 머금은 바람과 맑은 공기, 갈매기 소리가 제일 먼저 나를 반긴다. 항구는 시내와 또 다른 활기찬 분위기를 느낄 수 있다.

비고 항구에서는 갈리시아에서 가장 인기 있는 관광지인 씨에스Cies 섬으로 가는 크루즈를 탈 수 있다. 하루 3회 운행하며 편도 한 시간이 소요된다. 씨에스 섬은 이야 데 산 마르띠뇨Illa de San Martiño, 이야 데 몬떼아구도Illa de Monteagudo, 이야 도 파로Illa do Faro, 이렇게 세 개의 섬으로 이루어진 국립공원이며, 에메랄드빛의 환상적인 해변과 천혜의 자연경관을 자랑한다.

2007년에 영국의 유력 일간지 「더 가디언The Guardian」은 몬떼아구도 섬에 있는 로다스Rodas 해변을 세계 최고의 해변으로 선정했다. 당시 「더 가디언」이 선정한 세계 10대 해변 중 한국에 잘 알려진 필리핀의 팔라완Palawan은 4위에 뽑혔다.

여행자에게는 아쉬운 일이지만, 씨에스 섬으로 가는 배는 5월부터 10월까지만 운행한다. 이 기간에도 매일 운행하는 것은 아니므로 웹사이트crucerosriasbaixas.com 혹은 www.piratasdenabia.com를 통해 사전에 일정을 확인해 보는 것이 좋다. 온라인 예약도 가능하다. 나는 12월에 방문한 탓에 섬에 가보지는 못했다. 겨우내 충분한 휴식을 취하면서 야생 자연의 온전한 모습으로 회복될 씨에스 섬을 상상해 보니 더더욱

| 비고의 항구 풍경

가고 싶어진다. 다음에 갈리시아에 오게 된다면 첫날은 무조건 씨에스 섬에서 보낼 것이다.

 비고 항 바로 앞 언덕에 오르면 싱싱한 굴을 실컷 먹을 수 있는 곳이 있다. 길 이름도 '해산물 식당 거리Rua da Pescaderia'이다. 주민들은 '굴 거리Rua das Ostras'라고 부르기도 한다. 이곳은 관광객뿐만 아니라 비고 주민도 즐겨 찾는 명소이다. 비고 인근에서 갓 잡은 굴과 조개, 홍합, 새우 등 싱싱한 해산물을 모두 맛볼 수 있다. 나는 해산물 모둠 구이Parrilladas de Marisco를 주문해서 갈리시아의 해산물을 정말 원 없이 실컷 먹었다.

 비고에서 리아스 바이샤스Rias Baixas 관광에 나섰다. 하천에 의해 육지가 침식되어 형성된 해안을 리아스식 해안이라고 하는데, 바로 이곳 갈리시아의 리아스 해안에서 유래된 용어이다. 리아Ria는 갈리시아어로 '강'이라는 뜻이다. 나는 오 그로베O Grove 지역에 있는 호텔에서 숙박했는데, 이곳에는 리아스 바이샤스 지역의 양식장을 둘러보는 다양한 크루즈 투어가 있다. 리아스 해안은 해안선이 복잡해서 바닷물이 잔잔한 덕에 양식업이 발달했다.

기대도 못 했던 크루즈 여행을 신청했다. 1인당 투어 비용은 12유로. 오 그로베 지역의 양식장을 둘러보고 돌아오는 한 시간짜리 짧은 투어이다. 비수기라서 그런지 관광객은 절반도 차지 않았다. 대부분이 갈리시아 인근 지역에서 온 사람들 같았다.

크루즈가 정착한 곳은 홍합 양식장. 크루즈 아래쪽으로 내려가면 유리로 된 배의 바닥을 통해 바닷속 양식장을 눈앞에서 볼 수 있다. 마이크를 든 가이드가 리아스 바이샤스와 지역 양식장에 관한 짧은 설명을 끝내자 선원들은 테이블마다 음료수와 화이트 와인을 몇 병씩 가져다줬다. 그리고 따끈따끈한 홍합이 나왔다. 크루즈 내의 어색했던 분위기는 한순간에 사라지고 마치 잔칫집에 온 손님처럼 모두가 즐거워했다. 양식장의 규모가 큰 것도 아니고 대단한 만찬이 나오는 것도 아니지만 왠지 정감이 가는 크루즈 여행이다.

오 그로베 동쪽에는 또한Toja 섬이 있다. 면적이 1.1제곱킬로미터밖에 안 되는 아주 조그만 섬이다. 대륙과는 다리로 연결되어 있어서 자가용으로 쉽게 접근할 수 있다. 또한 섬은 참 재미있는 섬이다. 주민도 47명밖에 안 되는 이 작은 섬에 호텔도 있고 레스토랑과 카지노, 골프장까지 있다. 해변은 말할 것도 없다.

비고에서 리베이라Ribeira까지 이어지는 리아스 해안에는 볼거리와 먹거리가 풍부하다. 특별한 목적지 없이 리아스 바이샤스 주변을 다니다 보면 갈리시아의 작은 시골 마을들과 순수한 갈리시아 주민들을 만나게 되고 뜻밖의 관광지도 발견하게

01. 비고 해산물 거리의 푸짐한 해산물
02. 해산물 거리에서 굴을 판매하는 모습
03. 크루즈에서 가이드의 설명이 끝나고 음식을 기다리는 관광객들
04. 크루즈 안에서 무제한 제공되는 홍합

된다.

갈리시아는 우리나라에 잘 알려지지 않은 관광지이다. 바르셀로나나 마드리드처럼 특별한 관광 요소가 있는 것도 아니고 관광 인프라도 열악한 편이다. 하지만 누구나 갈리시아에 오면 이곳의 순수한 매력에 빠지게 되고 갈리시아를 그리워하게 된다.

나도 그렇다. 갈리시아가 숨겨 놓은 보석들을 찾아 떠날 다음의 갈리시아 여행이 무척이나 기대된다.

| 비고의 밤거리

CHAPTER 28. 유럽 끝자락의 낭만 도시 뽀르또

갈리시아는 아래로 포르투갈의 뽀르또 주와 접해 있다. 갈라시아에서도 남쪽 비고까지 내려왔는데, 포르투갈의 보물 뽀르또Porto를 그냥 지나칠 수는 없었다. 포르투갈에서 꼭 가봐야 하는 여행지 한 곳을 꼽으라면 나는 주저 없이 뽀르또를 선택할 것이다. 10년 전 포르투갈의 수도인 리스본Lisbon에서 한 달간 어학연수를 할 때 포르투갈 남부 해변까지 많은 도시를 여행했었고, 뽀르또에 대해서는 익히 알고 있었다. 그런데 이 정도로 아름다운 도시일 줄은 몰랐다. 10년 만에 찾은 포르투갈에서 드디어 마주한 뽀르또. 포르투갈에서뿐만 아니라 유럽을 통틀어 가장 아름다운 도시가 아닐까 생각해 본다. 이렇게 아름다운 도시에서 단 하룻밤만 자고 다음 관광지로 넘어가야 하는 짧은 일정이 속상할 뿐이다.

뽀르또는 포르투갈어로 '항구'라는 뜻이다. 스페인어로는 뿌에르또Puerto. 브라질 남부의 부자 도시 뽀르또 알레그레Porto Alegre, 즐거운 항구라는 뜻나 카리브 해의 작은 나라 뿌에르또 리꼬Puerto Rico, 부유한 항구라는 뜻 등 '항구'가 포함된 도시 이름이 여기저기 꽤 많은데, 이곳은 뽀르또 자체가 도시 이름이다. 기원전 1세기 로마인들에 의해 붙여진 이름이다. 한국에서는 이 도시의 명칭을 '포르토'라고 표기하는 게 일반적이지만, 이 책에서는 '뽀르또'로 썼다. 실제로 포르투갈 사람들에게 '포르토'라고 발음하면 절반 이상이 알아듣지 못한다.

뽀르또는 리스본에서 차로 3시간 거리지만, 비고에서는 1시간 30분이면 갈 수 있다. 비고에서 남쪽으로 가다가 미뇨 강을 넘으면 자연스럽게 포르투갈로 들어오게 된다. 국경을 넘는 데 그 어떤 절차도 없다. 검문소도 없고 그냥 지나가면서 포

뽀르또 리베이라 지구 풍경

르투갈 영토를 표시하는 간판만 보인다. 포르투갈어로 된 간판을 보니 10년 전 포르투갈을 여행하던 때가 떠오른다. 겉으로는 무뚝뚝하고 어두워 보이지만 누구보다도 친절하고 정이 많은 사람들, 리스본의 시내를 가로지르는 오래된 트램, 바깔랴우Bacalhau, 소금에 절여 말린 대구 요리에 대한 포르투갈 사람들의 각별한 사랑 등이 먼 기억 속에서 다시금 떠오르며 포르투갈에 대한 추억의 조각들이 조금씩 맞춰진다.

뽀르또 구시가지는 볼거리로 가득하다. 포르투갈의 중세 건축 양식을 볼 수 있는 유서 깊은 건물들이 넘쳐 나고, 곳곳에 예쁜 카페와 레스토랑이 여행자를 반긴다. 미로같이 얽혀 있는 좁은 골목길에는 오래된 서점, 싱싱한 과일이 진열된 작은 슈퍼마켓, 아기자기한 인테리어 소품샵, 정의와 행운의 상징인 닭 기념품 판매점들이 있다.

뽀르또에 왔다면 꼭 가봐야 하는 명소 중 하나는 렐로Lello 서점. 이 서점의 내부가 해리포터에 등장하는 마법학교의 계단과 교장실에 영감을 줬다고 해서 해리포터 서점으로 더 유명하다.

실제로 해리포터 작가인 조앤 롤링Joan K. Rowling은 이곳 뽀르또와 인연이 있다. 조앤은 스물네 살이던 1990년에 어머니가 지병으로 세상을 떠나자 충격에 빠졌다. 직장을 그만두고 방황하던 때에 우연히 포르투갈의 어느 학교에서 영어교사를 뽑는다는 신문 모집 공고를 보고 지원해서 일하게 됐는데 그곳이 바로 뽀르또이다. 조앤이 렐로 서점에 얼마나 자주 왔었는지는 모르지만, 그녀 덕분에 렐로 서점은 이전보다 훨씬 유명해졌다. 지금은 오픈 시간 전부터 줄을 서서 기다리는 수많은 관광객 때문에 즐거운 비명을 지르고 있다. 책을 사러 오는 손님들에게 방해된다는 이유로 입장료 3유로를 받는데, 책이나 물품 등을 사면 계산할 때 3유로를 돌려준다.

01. 뽀르또 시내 야경
02. 뽀르또 맥도날드 입구
03. 상 벤또 역 내부 모습

동 뻬드로 1세Don Pedro I의 기마상이 있는 리베르다드Liberdade 광장은 구시가지의 중심이다. 뽀르또를 걸어서 관광하다 보면 자연스럽게 만나게 되는 곳이다. 광장 한쪽에는 맥도날드가 있는데 '세상에서 제일 예쁜 맥도날드'라는 별명을 갖고 있다. 뽀르또는 '세상에서 제일'이라는 수식어가 세상에서 제일 많이 쓰이는 곳 같다. 세상에서 제일 예쁜 맥도날드, 세상에서 제일 예쁜 기차역, 세상에서 제일 예쁜 서점 등 듣기만 해도 꼭 가보고 싶어진다.

광장 주변에는 역시나 세상에서 제일 아름다운 기차역이라 불리는 상 벤또São Bento 역이 있다. 포르투갈의 역사를 묘사한 2만 장의 아줄레조Azulejo 도자기 타일로 완성된 화려한 내부 장식이 유명하다. 기차역이 아닌 박물관에 온 느낌이 들 정도이다. 실제로 기차 이용객보다 기차역을 보기 위해 방문하는 사람이 더 많다.

기차역에서 세Sé 성당을 지나면 동 루이스 1세Don Louis I 다리에 이르게 되고, 사진으로만 봐 왔던 리베이라Ribeira 지구의 그림 같은 풍경을 보게 된다. 여기가 뽀르또에서 가장 유명한 장소. 셔터를 누르기만 해도 작품이 된다는 곳이다. 리베이라는 포르투갈어로 '강변'이라는 뜻이다. 이 강변은 14세기에 조성된 유서 깊은 역사의 현장이다. 노천카페와 레스토랑들이 줄지어 관광객을 맞이한다. 뽀르또식 샌드위치인 프랑세지냐Francesinha도 여기에서 맛볼 수 있다. 천천히 걸으며 감상하는 고색창연한 포르투갈의 전통

| 리베이라 지구의 거리 풍경

가옥과 강변의 풍경은 여행자들에게 잊지 못할 추억을 선사한다.

강변에서는 도우로 강을 둘러보는 크루즈 여행을 떠날 수 있다. 크루즈를 타고 리베이라 지구를 유람하며 마시는 한 잔의 포트 와인은 그야말로 최고다. 앞에서 스페인의 와인 산지 중 리베라 델 두에로의 와인을 언급했는데, 두에로 강이 바로 도우로 강의 스페인식 명칭이다. 두 강은 같은 강이다. 강의 총 길이는 자그마치 897킬로미터나 된다. 원래 이 크루즈선은 관광을 위해 만들어진 배가 아니다. 옛날 영국인들이 자국으로 와인을 실어 나르기 위해 사용하던 운송선을 개조한 것이다.

프랑스와의 백년전쟁으로 프랑스로부터 와인 수입이 어려워지자 영국인들은 세비야뿐만 아니라 뽀르또에서도 와인을 생산하기 시작했다. 뽀르또 와인 산업은 그렇게 영국에 의해서 시작되었고, 지금은 뽀르또의 중요한 산업이 되었다. 셰리 와인과 같이 세계 2대 주정 강화 와인인 포트 와인이 바로 뽀르또에서 유래된 말이다. Port는 역시 영어로 '항구'라는 뜻이다.

에펠Gustave Eiffel의 제자인 테오필 세이리그Téophile Seyrig가 설계한 동 루이스 1세 다리는 구시가지와 빌라 노바 드 가이아Vila Nova de Gaia를 잇는 이층 다리이다. 이 다리를 건너 빌라 노바 드 가이아 지구로 넘어가면 포트 와인을 만드는 양조장이 있고 와이너리 투어가 가능한 곳도 많다. 투어 비용은 무료에서 10유로까지 다양하다. 보통은 와인 저장고를 둘러보고 와인 시음을 하는 짧은 코스이다. 포도밭은 구경할 수 없다. 나는 테일러Taylor's 와이너리 투어에 참가했는데, 포트 와인을 좋아하는 사람이라면 꼭 한번 가보라고 추천하고 싶다.

뽀르또는 걸어서 다 구경할 수 있을 만큼 작은 도시이지만 가능하다면 이틀 이상 머무를 것을 추천한다. 그만큼 아름답고 매력적인 곳이다.

01. 언덕 위 빌라 노바 드 가이아 지역을 연결하는 케이블카
02. 강변과 동 루이스 1세 다리를 배경으로 사진을 찍는 관광객
03. 와이너리 투어가 끝나고 와인 시음을 준비 중인 가이드

동 루이스 1세 다리 밑에서 맥주를마시는 청년

EPILOGUE

빠라도르 안뜰에 있는 작은 공간

모든 것이 그리운 스페인, 그 소중함을 추억한다

아침 7시 40분. 한겨울의 마드리드는 아직 어둠이 가시지 않았다. 한 손에는 커피를 들고 다른 한 손으로 커다란 캐리어를 끌며 플랫폼을 걸어가는 여학생을 앞질러 기차에 오른다. 마드리드 차마르띤 역에서 산 세바스띠안까지 5시간 25분이 걸리는 완행열차다. 기차에서 맞이하는 마드리드의 아침은 또 하나의 소중한 그림으로 마음에 남는다.

출발을 기다리는 열차 안에는 앉자마자 잠이 들어 버린 지친 노동자와 이른 시간부터 누군가와 문자를 주고받는 청년, 프랑스 일간지 「르 몽드 Le Monde」를 읽고 있는 중년의 여성 여행자가 보인다. 낑낑거리며 자전거를 싣는 청년 뒤로 단아한 유니폼을 입은 승무원이 이어폰을 하나씩 나눠 주는 사이 열차는 첫 번째 목적지인 세고비아를 향해 천천히 출발한다.

노트를 꺼내 지난 몇 달간 여행했던 스페인의 아름다운 관광지들과 여행기를 글로 써나가는 작업을 시작했다. 8시에 출발한 기차는 8시 28분에 세고비아에 도착했다. 승객의 절반이 내렸고 타는 사람은 아무도 없었다.

오랜 친구가 묻는다. "스페인 여행이 어땠어?"라고. 책 한 권으로도 다 쓰기 힘든 스페인 여행기를 그 자리에서 어떻게 말해 줄 수 있을까. 그저 "완전 좋았지!"라고 힘주어 말할 수밖에…….

한 나라를 일주하며 구석구석 속속들이 살펴볼 수 있다는 건 분명 꿈 같은 일이다. 게다가 그 대상이 스페인이라면 말해 무엇하랴. 그렇다. 이번 여행은 그렇게 시작됐었다. 꿈처럼.

    9시 15분. 바야돌리드에 도착한 기차는 승객 몇 명을 태우고는 또다시 드넓은 까스띠야의 평원을 달린다.

    스페인에서 제일 좋았던 곳? 사람마다 다르겠지만 나는 빠이스 바스꼬가 제일 기억에 남는다. 아름다운 자연과 순수하고 친절한 사람들, 미래를 향한 힘찬 발걸음과 옛것을 소중히 여기는 마음들, 여행자를 반기는 향취 가득한 따파스들…….
    내가 지금 산 세바스띠안으로 가는 이유는 빠이스 바스꼬에서 스페인 여행을 마치고 싶은 바람 때문이다. 저번 북부 여행에서 빠뜨렸던 온다리비아 Hondarribia가 오늘 여행의 최종 목적지이다.
    10시 29분. 부르고스에 도착했다. 부르고스 대성당을 지나 산 로렌쏘 San Lorenzo 길을 거닐던 추억이 떠오른다.

    가장 좋았던 지역은 빠이스 바스꼬이지만, 스페인 여행 중 제일 좋았던 순간은 연못에 비친 사그라다 파밀리아 성당의 야경을 가만히 보았을 때다. 그 아름다움이란……. 내가 표현할 수 있는 모든 말이 부족하게 느껴졌다.
    자신의 분야에서 최고가 되고 세상의 명예를 얻으면 사람은 변하기 마련이다. 천재는 누군가를 의지할 필요가 없기 때문이다. 그냥 자기 뜻대로 세상을 살아도 사람들은 천재를 알아봐 준다. 하지만 가우디는 달랐다. 그는 죽는 그날까지 자신의 죄를 회개하며 자신의 삶을 신께 의지했다. 나는 그런 가우디를 가슴 속 깊이 존경하게 되었다.

    기차가 한 국립공원 옆을 달린다. 스마트폰으로 구글 지도를 열어 보니 몬떼스

오바레네스Montes Obarenes-San Zadornil 국립공원을 지나는 중이다. 오늘 기차 안에서 본 경치 중에 제일 아름다운 풍경이 펼쳐졌다.

11시 55분. 비또리아Vitoria에 도착했다. 비또리아는 알바라 주의 주도이다. 스페인에서 살기 좋은 도시로 손꼽히는 곳이다. 한 가족이 탑승해서 내가 앉은 자리 건너편에 앉았다. 두 꼬마 녀석이 에우스께라로 이야기하는 것을 보니 이 지역에 사는 사람들인 것 같다. 한참 동안 아이들의 떠드는 소리가 들렸고 한 시간 정도 지나서 도착한 쑤마라가Zumarraga 역에서 그 가족이 내렸다. 기차는 다시 고요해졌다.

스페인 여행을 하면서 스페인이 세계 최대의 관광 대국이라는 타이틀을 얻게 된 것은 결코 우연이나 요행이 아님을 깨달았다. 물론 선조들로부터 물려받은 위대한 유산이 많은 것도 맞다. 하지만 그 유산을 보전하고 가꾼 스페인 정부와 국민의 노력과 투자가 뒷받침된 것이다. 관광지로써 큰 가치가 없는 고성이나 수도원 같은 건물을 국영 호텔로 바꿔 빠라도르 체인으로 운영하고 있는 것이 대표적인 예다.

1900년대 초 스페인의 국왕이었던 알폰소 13세가 직접 지휘하여 탄생한 호텔이 지금은 스페인 전역에 100개나 된다. 100개의 빠라도르 안에는 각각 지역을 대표하는 훌륭한 레스토랑이 운영되고 있다. 빠라도르에 대한 스페인 사람들의 자부심은 대단하다. 실제로 빠라도르를 이용하는 외국인만큼이나 스페인 내국인들의 이용 비율도 꽤 높은 편이다.

문화 요소는 곧 관광 요소이다. 스페인만큼 문화가 다양한 나라는 없고 따라서 스페인만큼 풍부한 관광 요소를 갖고 있는 나라도 없는 것 같다. 여행의 3요소인 교통, 숙박, 음식의 인프라가 탄탄하고 거기에 친절한 사람들까지……. 우리나라 정부가 관광 수지 적자를 해소하기 위해 주목해야 할 곳은 바로 스페인이다.

스페인, 마음에 닿다

오후 1시 23분. 산 세바스띠안 역에 도착했다. 그리고 다시 기차를 갈아타고 프랑스 접경 도시인 이룬Irun으로 간 다음 다시 버스를 타고 만오천 명이 사는 작은 마을 온다리비아에 도착했다.

아르마Arma 광장 앞 빠라도르에 들어서는 순간 중세를 배경으로 한 영화 세트장으로 들어서는 듯한 느낌이 들었다. 마치 잠들자마자 꿈속으로 빨려 들어가는 어린아이처럼 빠라도르의 분위기에 빠져들었고, 여관 주인으로부터 기사 작위를 받고 흥분한 돈 끼호떼처럼 기뻤다. 이곳은 원래 10세기에 지어진 요새였다. 천 년도 넘은 역사의 현장에서 숙박할 수 있다는 것에 가슴이 설렌다.

| 온다리비아 빠라도르의 도서관. 이곳에서 이 책의 많은 부분을 썼다.

처음 레온 빠라도르에 갔을 때는 경험 삼아 한 번 정도만 이용해 보려고 했었다. 하지만 빠라도르가 고객에게 주는 그 가치가 숙박비보다 훨씬 높다는 것을 체험했고, 나는 빠라도르의 열혈 팬이 되었다. 스페인 전역에 있는 모든 빠라도르에서 한 번씩 자보는 것이 내 꿈 중의 하나이다.

체크인하고 방에 들어와 창문을 활짝 열었다. 바로 앞에 바다가 보이고 불과 몇백 미터 전방에 프랑스 땅이 보인다. 내일은 빵을 사러 잠시 프랑스에 다녀와야겠다. 다른 나라에 가서 빵을 사 오는 데 한 시간도 채 걸리지 않는다는 것이 마냥 신기할 뿐이다. 고즈넉한 빠라도르의 안뜰에 앉아 따뜻한 만사니야 차Manzanilla, 국화차를 앞에 두고 또다시 글을 쓰기 시작한다.

예정에 없던 산띠아고 순례길을 걸으며 마주했던 갈리시아의 작은 마을들. 오렌세에서 시간 가는 줄 모르고 즐겼던 온천욕. 시간이 멈춘 듯 중세 모습을 그대로 간직한 똘레도와 엘 그레꼬의 그림들. 꼭 다시 가보고 싶은 세비야의 에스빠냐 광장. 숨 막히게 아름다웠던 알암브라 궁전. 황홀했던 마르께스 데 리스깔 호텔에서의 하룻밤. 한 줄 한 줄 적어 나가다 보니 어느새 밤이 깊었다.

온다리비아에서의 둘째 날, 잠깐 시간을 내서 시내를 구경했다. 호텔 직원이 준 온다리비아 지도에는 딱 두 곳이 형광펜으로 표시되어 있었다. 하나는 프랑스로 넘어가는 조그마한 배를 타는 선착장 위치였고, 또 하나는 산 뻬드로 깔레아San Pedro Kalea 거리였다.

산 뻬드로 깔레아 거리에 유명한 타파스 바가 많다는 이야기를 듣고 프랑스로 빵을 사러 가는 일정은 다음 기회로 미루고 타파스 바 몇 곳을 다니며 점심을 때웠다.

"이봐, 호벤Joven, 젊은이라는 뜻! 자네 나에게 뭔가 물어볼 게 있을 것 같은데?"

온다리비아 시내가 훤히 보이는 언덕에 올랐을 때 한 할아버지가 다가와 익살스러운 말투로 말을 걸었다.

"하하. 어떻게 아셨어요? 마을이 너무 예쁩니다. 저 건물들은 몇 년 정도 된 거예요?"

"그렇게 오래된 건물들은 아니야. 내가 어렸을 때 이곳은 전부 다 옥수수밭이었어. 저 길에 타파스 집이라고는 고작 두 개뿐이었지. 그땐 가난했어. 어부가 많았고 그들은 크고 작은 사고를 치고 다녔지. 무척이나 우울한 동네였다네. 그런데 지금은 달라. 프랑스에서 관광객이 많이 넘어오거든. 옆에 있는 이룬보다 우리가 더 돈이 많아. 허허. 웃으라고 한 얘기야."

바스꼬 지방의 전통 모자를 쓴 할아버지는 온다리비아에서 태어나 일흔아홉 살이 된 지금까지 한곳에서만 살았다고 한다. 이름은 훌리안 피그루에로아Julian Figrueroa다. 훌리안 할아버지는 스페인 내전1936~1939이 한창이던 1937년에 태어났다고 한다.

"몇 년 전 아내가 먼저 세상을 떠났어. 지금은 텅 빈 집에서 나 혼자 살고 있지. 하지만 난 행복해. 사는 게 즐겁다고! 아내를 다시 만나는 날까지 더 즐기며 살 거야. 스페인은 참 좋은 곳이고, 자네와 내가 있는 이곳 온다리비아는 더 좋은 곳이라네."

온다리비아를 배경으로 할아버지의 사진을 찍어 책의 마지막 부분에 넣고 싶다고 말씀드렸더니 미소를 지으시며 포즈를 잡으신다. 온다리비아로 다시 오는 날에도 훌리안 할아버지가 지금처럼 건강하셨으면 좋겠다.

온다리비아에서 3일을 보내고 다시 마드리드로 돌아가는 기차는 이곳에 올 때와는 사뭇 다른 분위기였다. 저마다 즐거운 대화를 나누는 승객들로 기차 안이 시끌벅적하다. 스페인 사람들은 함께 모이는 것을 참 좋아한다. 그래서 축제가 많은 것인지도 모르겠다.

처음 본 동양인에게 점심까지 사주며 스페인 여행 가이드를 자처한 호세. 쑨마이아에서 만난 발렌시아의 청년들. 애정 어린 눈빛으로 온다리비아와 스페인의 역사에 관해 설명해 주던 훌리안 할아버지……. 스페인에서 만난 소중한 사람들을 추억하며 아름다운 스페인 일주가 끝나 간다.

| 훌리안 피그루에로아 할아버지

___

스페인,
마음에
닿다
___

초판 1쇄 발행 | 2016년 5월 9일
초판 5쇄 발행 | 2019년 2월 11일

지은이 | 박영진
발행처 | 마음지기
발행인 | 노인영
기획·편집 | 박운희
디자인 | 박옥

등록번호 | 제25100-2014-000054(2014년 8월 29일)　**주소** | 서울시 구로구 공원로 3, 208호　**전화** | 02-6341-5112~3　**FAX** | 02-6341-5115　**이메일** | maum_jg@naver.com　＊이 도서의 국립중앙도서관 출판예정도서목록(CIP)은 서지정보유통지원시스템 홈페이지(http://seoji.nl.go.kr)와 국가자료공동목록시스템(http://www.nl.go.kr/kolisnet)에서 이용하실 수 있습니다.(CIP제어번호:2016010685)

※ 책 값은 뒤표지에 있습니다.
※ 잘못 만들어진 책은 바꿔 드립니다.
※ 이 책은 저작권법에 의해 보호를 받는 저작물이므로 무단 전재 및 무단 복제를 금합니다.

ISBN 979-11-86590-07-2 03980

마음지기는 여러분의 소중한 꿈과 아이디어가 담긴 원고 및 기획을 기다립니다.

―― 마음지기는 ――――――――――――――――――――――――――

성공은 사람을 넓게 만듭니다. 그러나 실패는 사람을 깊게 만듭니다. 마음지기는 성공을 통해 그 지경을 넓혀 가고, 때때로 찾아오는 어려움을 통해서 영의 깊이를 더해 갈 것입니다. 무슨 일에든지 먼저 마음을 지킬 것입니다.
높은 산꼭대기에 있는 나무의 뿌리가 산 아래 있는 나무의 뿌리보다 깊습니다. 뿌리가 깊기에 견고히 설 수 있습니다. 마음지기는 주님께 깊이 뿌리내리고 그 어떤 상황에서도 주님을 찬양할 것입니다.
"하나님과 가까이 교제하고 교감하는 사람은 그렇지 못한 사람보다 더 행복하다"라고 마시 시머프는 말했습니다. 마음지기는 하나님과 교감하고 교제하기 위해서 하루 24시간을 주님과 동행할 것입니다.

――――――――― "모든 지킬 만한 것 중에 더욱 네 마음을 지키라 생명의 근원이 이에서 남이니라" 잠언 4:23